死刑判決と日米最高裁

小早川義則

Death Sentences and
the U.S.–Japan Supreme Court

成文堂

はしがき

本書は、昨年（二〇一六年）六月の日本弁護士連合会人権擁護大会で採択された「二〇二〇年までに死刑制度の廃止をめざす」との宣言を契機に、関連論文等一覧に掲げた多数の旧稿を全面的に整理し、死刑判決に関する日米最高裁の態度を判例に即して具体的に比較しつつ、わが国での死刑制度をめぐる議論の進展にいささかなりとも貢献しようとするものである。

筆者は、死刑制度自体に関し特段の関心を持つことはなかった。筆者の学問的関心事は数百件にも及ぶアメリカ判例法の体系化であり、事実関係についても判例に直接当たることを鉄則としたためその完成に膨大なエネルギーを費やし、死刑制度自体の問題に直接取り組む時間的余裕は到底なかったのである。ただ、何度も指摘したことだが、わが国の最高裁判例はアメリカをはじめ「現在広く行われている致死薬物注射との比較でわが国の絞首方法が残虐であるか否かを論じていないから、現時点においてはやはりその主張の少なくとも一部において妥当性を欠く」との後藤論文に接したのを転機として、処刑方法に関するアメリカ判例法の動向に興味を抱くことになる。その間の二〇〇九年七月五日に発生した大阪此花区のパチンコ店放火殺人事件の弁護団からの依頼を受けて、スーパー・デュー・プロセスの提唱者とされるマーガレット・レイディン教授の関連論文を紹介したのが皮切りだった。そして二〇一二年から一三年にかけて大阪弁護士会の「死刑廃止検討プロジェクト・チーム」等で「米国における処刑方法の変遷」に関する話をしたり、大阪弁護士会主催のシンポジウム「終身刑導入と死刑廃止について考える」でパネリストとして参加するなどしたため死刑問題への関心が徐々に高まったのである。

このような状況下に思いがけなく日弁連死刑廃止検討委員会の要請を受け、二〇一三年七月一六日に弁護士会館で講演「スーパー・デュー・プロセスと死刑廃止論」をする運びとなった。筆者は、スーパー・デュー・プロセス論の背後にある一連の合衆国最高裁判例の分析に限定するという条件で〝講演〟を引き受けたにすぎなかった。しかしその後、現職最高裁判事による四三年振りの死刑廃止論としてアメリカで注目されている二〇一五年六月のグロシップ判決でのブライア反対意見に接し、筆者なりの合衆国最高裁の判例分析はほぼ正確であることが確認できたのは誠に幸いであった。

ところで筆者は、とりわけ二〇一二年から一三年にかけて各種偶然が重なり、スーパー・デュー・プロセスと死刑に関する一連の習作をものしてきた。そのような折、「絞首刑は残虐な刑罰に当たらない」旨の検察官の二〇一三年一月一〇日付答弁書がパチンコ店放火事件弁護団から送られてきた。驚いたのはその内容である。致死薬物注射に関する二〇〇八年のベイズ判決等を引用した上で「アメリカ合衆国ワシントン州において絞首が死刑執行方法として規定されているということは、アメリカにおいても絞首が合衆国憲法修正第八条が禁止する〝残虐で異常な刑罰〟に該当しないとされていることの証左である」と主張していた。さらに検察官から後日提出されたとして「弁護団」から同年四月一九日付で送付されてきた大量の英文資料の中に紛れ込んでいたのが「大阪高等検察庁刑事事務課」と明示する一枚の参考資料であった。そして検察官の前出答弁書は、インターネットだけに依拠した「刑事事務課」作成のベイズ判決等の日本語訳を「そのまま」引用していたのである。むろん、インターネットの利用自体を非難しているのではない。問題は、ベイズ判決の核心部分については一切触れずに枝葉末節のみの実に簡単なその翻訳文だけを引用してアメリカ法を論じていることである。処刑方法の問題点はベイズ判決の中で全て論じられているにもかかわらず、そのようなアメリカ判例法の基本的知識を欠いたままの的外れの引用で糊塗する

「答弁書」の態度に唖然としたのである。

わが国では日弁連の死刑廃止宣言を受けて、死刑制度に関する活発な論議が各方面において始められている。一九七二年のファーマン判決でのブレナン、マーシャル両裁判官の周知の死刑違憲論にあわせて、日本では未だ必ずしも十分に知られていない二〇一五年のグロシップ判決でのブライア裁判官の事実上の死刑違憲論にも詳しく触れる好機と思われた。そのことにより、人の生命を奪う死刑は性質を全く異にする特殊な刑罰であるため手続的にも特段の保障を不可欠とするスーパー・デュー・プロセスの意味内容を改めて正確に把握できることはもちろん、〝残虐で異常な刑罰〟を禁止する憲法条項を共有するわが国での死刑をめぐる昨今の憲法論議の深化にも大いに役立つと思われたのである。

本書の出版につき成文堂の阿部成一社長、編集部の篠崎雄彦氏の格別のご高配をたまわり、校正段階ではとりわけ小林 等氏の実に誠実なご協力を得た、また本書の土台となった一連の旧稿のほか本書の浄書についても四〇年近く一貫して変わることのない八津谷由紀恵さんのお世話になった。心からお礼を申し上げる。

二〇一七年八月盛夏

日弁連の死刑廃止宣言を機に

小早川　義則

目　次

細目次

既発表主要関連論文等一覧

1 『デュー・プロセスと合衆国最高裁Ⅰ――残虐で異常な刑罰、公平な陪審裁判』（成文堂、二〇〇六年）
2 「米国における処刑方法の変遷――絞首刑から致死薬物注射へ――」名城法学第六〇巻別冊（法学部創立六〇周年記念論文集）（二〇一〇年）
3 「アメリカ刑事判例研究（10）Baze v. Rees, 553 U.S. 353, 128 S.Ct. 1520――致死薬物注射による死刑執行と第八修正の残虐で異常な刑罰の禁止」名城ロースクール・レビュー第一八号（二〇一〇年一一月）
4 『裁判員裁判と死刑判決［増補版］』（成文堂、二〇一二年一二月）
5 「絞首刑と残虐な刑罰の禁止（一～二・完）」名城ロースクール・レビュー第二五、二六号（二〇一二年九月、二〇一三年一月）
6 「アメリカ刑事判例研究（23）State v. Mata, 745 N.W. 2d 229（Neb. 2008）――電気処刑と残虐で異常な刑罰の禁止」名城ロースクール・レビュー第二六号（二〇一三年一月）
7 「アメリカ刑事判例研究（26）Woodson et al v. North Carolina, 428 U.S. 280（1976）――第一級謀殺罪に対する絶対的死刑は第八修正および第一四修正に違反する」名城ロースクール・レビュー第二七号（二〇一三年五月）
8 「アメリカ刑事判例研究（27）Lockett v. Ohio, 438 U.S. 586（1978）――殺人事件での減軽事由の限定的検討は第八修正および第一四修正に違反する」名城ロースクール・レビュー第二七号（二〇一三年五月）
9 『デュー・プロセスと合衆国最高裁Ⅲ――弁護人依頼権、スーパー・デュー・プロセス』（成文堂、二〇一三年七月）
10 「アメリカ刑事判例研究（28）Roberts v. Louisiana, 428 U.S. 325（1976）――第一級謀殺罪での絶対的死刑判決は第八修正および第一四修正に違反する」名城ロースクール・レビュー第二八号（二〇一三年九月）

11　「スーパー・デュー・プロセスについて」名城ロースクール・レビュー第二八号（二〇一三年九月）
12　「スーパー・デュー・プロセスと死刑廃止論」名城ロースクール・レビュー第二九号（二〇一三年一二月）
13　「致死薬物注射をめぐる新しい動き」名城法学第六六巻第一・二合併号（二〇一六年一二月）
14　「アメリカ刑事判例研究（49）Glossip v. Gross, 576 U.S.—, 135 S.Ct. 2726 ——新しい麻酔薬ミダゾラムを用いた致死薬物注射による死刑執行は第八修正に違反しない」名城ロースクール・レビュー第三八号（二〇一七年一月）
15　「似て非なる日米の刑事裁判序説」名城ロースクール・レビュー第三八号（二〇一七年一月）
16　「死刑廃止をめぐる合衆国最高裁の動向」名城ロースクール・レビュー第三九号（二〇一七年四月）
17　「アメリカ刑事判例研究（50）Marbury v. Madison, 5 U.S.（1 Cranch）137（一八〇三年二月一日）——合衆国最高裁は、憲法と相容れない連邦議会の制定法を違憲無効と判断することができる」名城ロースクール・レビュー第四〇号（二〇一七年八月）

序　章

一七九一年の合衆国憲法第八修正は「過大な額の保釈金を要求し、または過重な罰金を科してはならない。また残虐で異常な刑罰を科してはならない」と規定している。これに対し、わが憲法三六条は「公務員による拷問及び残虐な刑罰は、絶対にこれを禁止する」と規定するが、〝残虐で異常な刑罰〟と〝残虐な刑罰〟との文言上の差異に「特別の意味を認めるのは適当でな〈く〉」、同一の禁止規定と解されている。(1) そして日米両国において死刑は憲法の禁止する〝残虐で異常な刑罰〟に当たるかが争われているが、日米最高裁は今までに死刑自体を違憲と判示したことは一度もない。また合衆国憲法第六修正は「すべての刑事上の訴追において、被告人（the accused）は犯罪が行われた州およびあらかじめ法律によって定められた地区の公平な陪審による迅速な公開の裁判を受ける権利を有する」と規定し、これに対し、わが憲法三七条一項は「すべて刑事事件においては、被告人は、公平な裁判所の迅速な公開裁判を受ける権利を有する」と規定する。日米憲法の両規定は陪審裁判を除くとほぼ同一である。

ところで、わが国では死刑の合憲性自体は判例法上確立しているが、昨今の合衆国最高裁の新しい動向の影響をも受けて死刑廃止論が活性化しつつあり、さらに裁判員制度の実施により国民のより身近な問題として急浮上している。

いわゆる裁判員法によれば、一般市民は裁判員候補者として選任手続に出頭することが求められ、選任されることが決まった場合には裁判員に就任し審理に参加することが求められる。裁判員法一六条一号ないし八号は「裁判員となることについて辞退の申立てをすることができる」事由を定めているが、その八号にいう辞退事由は「その他政令で定めるやむを得ない事由」と規定されている。しかし、「裁判員の参加する刑事裁判に関する法律第一六条第八号に規定するやむを得ない事由を定める政令」六号では、「自己又は第三者に身体上、精神上又は経済上の重大な不利益が生ずると認めるに足りる相当の理由がある」場合に、裁判員となることについて辞退の申立てができるが、思想・良心に基づく辞退は明文では認められていない。現状のままだと死刑を支持する裁判員が評議においても多数を占める可能性は大きい。

しかし、むしろ懸念されるのは、裁判員の選任の過程で死刑反対論者が排斥されるおそれなしとしないことにある。現に当局の説明によれば、裁判員の選任の過程で定型的に追加質問が必要な類型として「死刑の適用が問題となる事件」が挙げられている。そして、当事者の求めがある場合、その類型についての口頭による追加質問は、「起訴されている○○罪について法律は、『死刑又は無期若しくは○年以上の懲役に処する。』と定めています。今回の事件で有罪とされた場合は、この法律で定まっている刑を前提に量刑を判断できますか。」というものであり、その返答如何により、担当事件においてどのような事実が認定されたとしても、死刑適用を一切考慮できないものは、死刑という法定刑があるにもかかわらず法律に従った判断ができないといわざるを得ないと判断され、「裁判員は、法令に従い公平誠実にその職務を行わなければならない」（裁判員法一八条）から、「不公平な裁判をするおそれがある」（裁判員一八条）という裁判員の不適格事由に該当するとされているのである。(2)

このようにみてくると、裁判員選任手続での最大の問題点は、事実認定および量刑判断段階での死刑反対論者に対する理由付忌避申立と公正な裁判とのかかわりにあることが分かる。そして前述のとおり、死刑適用が問題となる「担当事件においてどのような事実が認定されたとしても、死刑適用の余地を一切考慮できない者は、死刑という法定刑があるにもかかわらず法律に従った判断ができないといわざるを得ず、不公平な裁判をするおそれに当たると考えられる。なお、死刑廃止論者であっても、立法論としては死刑に反対でも、担当事件において現行法の適用の余地を考慮できるのであれば、不公平な裁判をするおそれには当たらないと考えられる。[3]」という当局の考えが示されているのである。

したがって、仮に死刑判決に反対であった裁判官がいたとしても、そのことは判決文自体から明らかでないため裁判官は墓場までそのことを持って行くのが日本の刑事裁判の現状であり、そして素人の裁判員にもそのような義務が課せられる。また検察側に合理的疑いを越えた犯罪事実の立証が不可欠とされているにもかかわらず、従前どおり多数決で被告人を有罪と認定しかつ死刑を宣告できるという刑事裁判の仕組みが裁判員法の下でもそのまま維持されているのである。そして「今までのところ、検察官は公判前整理手続で求刑について絶対に言わない。それは最高検の方針だと思いますが、答えない。証拠調べを終えた後に求刑をするもので、事前にするものではない。変わり得る。だからそれはできない、するつもりもないというのが公式見解」であるという。[4]

素人の裁判員が職業裁判官とともにではあるが、被告人の有罪・無罪の決定および死刑の判断に参加する点においてアメリカの陪審員と異なるところはない、しかしアメリカでは死刑判決についてはほぼすべての法域で一二名の陪審員による全員一致の評決が必要とされている、そして選任手続での陪審員候補者への調査は法廷で行われる上、死刑について態度が明確でない相当数の候補者は理由付忌避申立（challenge for cause）の対象となる。被告人は合衆国憲法第六修正によって「公平な陪審による裁判」を受ける権利が保障されているにもかかわらず、死刑適用事件で有罪と認定された以上、殺人に至る理由いかんを問わず被告人に極刑を科すのが相当と考えているいわば絶対的な死刑肯定論者である陪審員候補者、あるいは死刑反対論者としての自己の個人的信念をいわば公人としての陪審員としても貫徹しようとする候補者は、公平性に欠けるとして予め陪審員の選任手続で排除されることが確立している。またアメリカでは検察官の同意を必要とする法域が多いとはいえ、一定の要件下に憲法上の陪審裁判を受ける権利を放棄して職業裁判官による裁判を受けることが認められている。

さらに日本では仮に反対者がいたとしても、最高裁を除き、判文に一切表記されないため、そのことを墓場まで引きずっていく義務が素人の裁判員にも課せられる。わが国では一九六六年のいわゆる袴田殺人放火事件での公判を担当した熊本典道元裁判官が二対一の死刑判決であった旨告白して話題になっているが(5)、合議の秘密を暴露した点はさておき、その告白の真実性を裏付ける証拠はない。「被告人を死刑に処する」とした判決文しか公式には残されていないし、たとえ関係者が生存していたとしても守秘義務の壁に阻まれてその内容は明らかにされない。そして裁判官の場合には直接の罰則規定がないが、裁判員が評決の際の「多少の数」など秘匿すべき職務上知り得た秘密を明らかにした場合には「六月以下の懲役または五〇万円以下の罰金」を科せられうるのである。

このように裁判員制度は無作為で選ばれた一般国民が裁判員として初めて刑事事件に参加するという意味ではアメリカの陪審制との同質性が見られるが、その他の点ではむしろ異質性の方が顕著であるにもかかわらず、その点の検討が十分でない。そして最も重要な公平な陪審を確保するための陪審選任手続の具体的内容についても同様である。裁判員法には、対象事件の被告人が裁判員裁判ではなく裁判官による裁判を求めても、それを認める規定がない。また裁判員対象事件では量刑についても素人の裁判員が判断に加わる上、死刑事件についても他の事件と区別せず「合議体の員数の過半数の意見による」とされている。さらに裁判員制度では裁判官の裁判員への何らかの形での〝説示〟はありうると考えられるが、守秘義務の壁に妨げられ、その内容は一切明らかにされないのである(6)。

このようなアメリカとは似て非なるわが国の状況下に日本弁護士連合会は二〇一六年一〇月、福井市で開いた人権擁護大会で「二〇二〇年までに死刑制度の廃止をめざす」とする宣言を賛成多数で採択した。時あたかもアメリカでは、その前年（二〇一五年）六月の【20】グロシップ判決でのブライア裁判官等の反対意見が、一九七二年のファーマン判決でのブレナン、マーシャル両裁判官以来の現職最高裁判事による死刑違憲論として俄然注目されている、機はまさに熟せりである。

（1）法学協会『註解日本国憲法　上巻』（有斐閣、一九五三年）六三六頁。
（2）以上の記述は主として、福井厚「『裁判員制度について考える②』死刑制度と裁判員制度」人権二一・調査と研究による。
（3）椧井英夫「『裁判員の参加する死刑裁判に関する規則』の概要と運用上の重要事項」刑事法ジャーナル九号（二〇〇七年）六七頁。
（4）水谷規男ほか「裁判員裁判の下で死刑の縮減・廃止を展望できるか」法律時報八二巻七号（二〇一〇年六月）二八頁〈後藤貞人発言〉。
（5）熊本典道「裁判員の死刑判決――全員の合意まで熟考して」朝日新聞二〇一〇年七月二八日付朝刊によると、「激論の末、多数決で死刑が決まった。判決文は、私（熊本）が書くことになった」という。
（6）詳しくは、小早川義則『裁判員裁判と死刑判決〔増補版〕』（成文堂、二〇一三年）二～一〇頁。

第一章　わが国の問題状況

わが最高裁は昭和二三年（一九四八年）の大法廷判決において、死刑といえども他の刑罰の場合と同様に、その執行方法等が時代と環境とによって人道的見地から一般に残虐性を有するものと認められる場合には、勿論これを残虐な刑罰と言わなければならないとした上で、絞首による処刑の合憲性を肯定し、その後も一貫して同一の立場を維持している。例えば、いわゆる帝銀事件に関する昭和三〇年の大法廷判決は、現在わが国で採用されている絞首方法が諸外国で採用されている処刑方法に比して特に人道上残虐であるとする理由はないとする。

そこで以下、ひとまず死刑の合憲性を肯定した一連の最高裁判例を紹介し、次いで裁判員裁判との関わりを触れつつ、絞首刑の違憲性の審理に初めて裁判員の参加を認めた上で死刑判決を言い渡した近時の大阪パチンコ店放火殺人事件を紹介しておく。

第一節　死刑の合憲性

一　わが最高裁は一九四八年の【一】大法廷判決（最大判昭和二三・三・一二刑集二巻三号一九一頁）において、死刑は憲法三六条に違反するとの弁護人の上告趣意に対し、以下のように判示した。やや長いがほぼ全文を紹介しておく。

「生命は尊貴である。一人の生命は、全地球よりも重い。」死刑は、まさにあらゆる刑罰のうちで最も冷厳な刑罰であり、またまことにやむを得ざるに出ずる窮極の刑罰である。それは言うまでもなく、尊厳な人間存在の根元である生命そのものを永遠に奪い去るものだからである。現代国家は一般に、統治権の作用として刑罰権を行使するにあたり、刑罰の種類として死刑を認めるかどうか、いかなる罪質に対して死刑を科するか、またいかなる方法手続をもつて死刑を執行するかを法定している。そして、刑事裁判においては、具体的事件に対して被告人に死刑を科するか他の刑罰を科するかを審判する。かくてなされた死刑の判決は法定の方法手続に従つて現実に執行せられることとなる。これら一連の関係において死刑制度は常に、国家刑事政策の面と人道上の面との双方から深き批判と考慮が払われている。されば、「各国の刑罰史を顧みれば、死刑の制度及びその運用は、総ての他のものと同様に、常に時代と環境とに応じて変遷があり、流転があり、進化がとげられてきた」ということが窮い知られる。わが国の最近において、治安維持法、国防保安法、陸軍刑法、海軍刑法、軍機保護法及び戦時犯罪処罰特例法等の廃止による各死刑制の消滅のごときは、その顕著な例証を示すものである。

そこで新憲法は一般的概括的に死刑そのものの存否についていかなる態度をとつているのであるか。弁護人の主張するように、果して刑法死刑の規定は、憲法違反として効力を有しないものであろうか。まず、憲法第一三条においては、すべて国民は個人として尊重せられ、生命に対する国民の権利については、立法その他の国政の上で最大の尊重を必要とする旨を規定している。しかし、同時に同条においては、公共の福祉に反しない限りという厳格な枠をはめているから、もし公共の福祉という基本的原則に反する場合には、生命に対する国民の権利といえども立法上制限乃至剥奪されることを当然予想しているものといわねばならぬ。そしてさらに、憲法第三一条によれば、国民個人の生命の尊貴といえども、法律の定める適理の手続によつて、これを奪う刑罰を科せられることが、明かに定められている。すなわち憲法は「現代多数の文化国家におけると同様に」刑罰として死刑の存置を想定し、これを是認したものと解すべきである。言葉をかえれば、死刑の威嚇力によつて一般予防をなし、死刑の執行によつて特殊な社会悪の根元を絶ち、これをもつて社会を防衛せんとしたものであり、また個体に対する人道観の上に全体に対する人道観を優位せしめ、結局社会公共の福祉のために死刑制度の存続の必要性を承認したものと解せられるのである。

弁護人は、憲法第三六条が残虐な刑罰を絶対に禁ずる旨を定めているのを根拠として、刑法死刑の規定は憲法違反だと主張するのである。しかし死刑は、冒頭にも述べたようにまさに窮極の刑罰であり、また冷厳な刑罰ではあるが、刑罰としての死刑そのものが、一般に直ちに同条にいわゆる残虐な刑罰に該当するとは考えられない。「ただ死刑といえども、他の刑罰の場合におけると同様に、その執行の方法等がその時代と環境とにおいて人道上の見地から一般に残虐性を有するものと認められる場合には、勿論これを残虐な刑罰といわねばならぬから、将来若し死刑について火あぶり、はりつけ、さらし首、釜ゆでの刑のごとき残虐な執行方法を定める法律が制定されたとするならば、その法律こそは、まさに憲法第三六条に違反するものというべきである。」前述のごとくであるから、死刑そのものをもつて残虐な刑罰と解し、刑法死刑の規定を憲法違反とする弁護人の論旨は、理由なきものといわねばならぬ。

【裁判官島保、同藤田八郎、同岩松三郎、同河村又介の各意見】　憲法は残虐な刑罰を絶対に禁じている。したがつて、死刑が当然に残虐な刑罰であるとすれば、憲法は他の規定で死刑の存置を認めるわけがない。しかるに、憲法第三一条の反面解釈によると、法律の定める手続によれば、刑罰として死刑を科しうることが窺われるので、憲法は死刑をただちに残虐な刑罰として禁じたものとはいうことができない。しかし、憲法は、その制定当時における国民感情を反映して右のような規定を設けたにとどまり、死刑を永久に是認したものとは考えられない。ある刑罰が残虐であるかどうかの判断は国民感情によつて定まる問題である。而して国民感情は、時代とともに変遷することを免かれないのであるから、ある時代に残虐な刑罰でないとされたものが、後の時代に反対に判断されることも在りうることである。したがつて、国家の文化が高度に発達して正義と秩序を基調とする平和的社会が実現し、公共の福祉のために死刑の威嚇による犯罪の防止を必要と感じない時代に達したならば、死刑もまた残虐な刑罰として国民感情により否定されるにちがいない。かかる場合には、憲法第三一条の解釈もおのずから制限されて、死刑は残虐な刑罰として憲法に違反するものとして、排除されることもあろう。しかし、今日はまだこのような時期に達したものとはいうことができない。されば死刑は憲法の禁ずる残虐な刑罰であるという理由で原判決の違法を主張する弁護人の論旨は採用することができない。

二　最高裁大法廷は次にいわゆる帝銀事件に関する一九五五年の【二】判決（昭和三〇・四・六刑集九巻四号六〇三頁）において、改めて以下のように判示し、絞首刑の違憲性を否定した。

刑罰としての死刑は、その執行方法が人道上の見地から特に残虐性を有すると認められないかぎり、死刑そのものをもつて直ちに一般に憲法三六条にいわゆる残虐な刑罰に当るといえないという趣旨は、すでに当裁判所大法廷の判示するところである（昭和二三年三月一二日判決）。「そして現在各国において採用している死刑執行方法は、絞殺、斬殺、銃殺、電気殺、瓦斯殺等であるが、これらの比較考量において一長一短の批判があるけれども、現在わが国の採用している絞首方法が他の方法に比して特に人道上残虐であるとする理由は認められない。」従つて絞首刑は憲法三六条に違反するとの論旨は理由がない。

三　最高裁は一九六一年の【三】判決（最大判昭和三六・七・一九刑集一五巻七号一一〇六頁）において初めて死刑の執行方法に関する事項を定めた明治六年太政官布告六五号は「新憲法下においても、法律と同一の効力を有する」との判断を示した。この点につき七裁判官の詳細な各補足意見があるので、その一部をあわせて紹介しておく。

【判　示】　死刑の執行方法に関する事項を定めた所論明治六年太政官布告六五号は、同布告の制定後今日に至るまで廃止されまたは失効したと認むべき法的根拠は何ら存在しない。そして同布告の定めた死刑の執行方法に関する事項のすべてが、旧憲法下また新憲法下において、法律をもつて規定することを要する所謂法律事項であるとはいえないとしても、同布告は、死刑の執行方法に関し重要な事項（例えば、「凡絞刑ヲ行フニハ……両手ヲ背ニ縛シ……面ヲ掩ヒ……絞架ニ登セ踏板上ニ立シメ」等）を定めており、このような事項は、死刑の執行方法の基本的事項であつて、死刑のような重大な刑の執行方法に関する基本的事項は、旧憲法下においても法律事項に該当すると解するを相当とし（旧憲法二三条）、その限度においては同布告は旧憲法下において既に法律として遵由の効力を有していたものと解するを相当とする。けだし、旧憲法前の法令は、その名称の如何を問わず、旧憲法下において法律をもつて定むべき事項を定めたものは、法律として遵由の効力を有していたからである。更に新憲法下においても、同布告に定められたような死刑の執行方法に関する基本的事項は、法律事項に該当するものというべきであつて（憲法三一条）、検察官はその答弁書において、右布告の内容は法律事項ではなく、死刑執行者の執行上の準則を定めたものに過ぎないから、現行法制からみれば法務省令をもつて規定しうるものであるというが、当裁判所は、かかる見解には賛成できない。将来右布告の中その基本的事項に関する部分を改廃する場合には、当然法律をもつてなすべきものである。

【裁判官藤田八郎の補足意見】　刑法は死刑は絞首して之を執行することを規定している（一一条一項）けれども、絞首といつても、その方法のいかんによつては残虐にわたるおそれのあることは勿論であつて、刑法の外、刑訴法、監獄法にも死刑の執行方法に関する規定があるけれども、これら諸規定は未だもつて残虐にわたらないことを担保するものとして十分であるとは云えない。

本件において問題となつている太政官布告六五号は、死刑の執行方法に関する精細な規定であつて、死刑の執行方法が残虐にわたらないことを担保する内容を有するものである。そして同布告がいわゆる法律事項に関するものであり、しかも旧憲法下において法律と同一の効力をもつものとせられたことは多数意見の説くとおりである。なお、同布告中、絞縄解除の時間に関する点は、当初同布告に二分間と定められていたのであるが、後、旧監獄則三七条二項により五分間に改められ、さらにこれを法律に改めたのが現行監獄法七二条である。現行監獄法は明治四一年に制定施行された法律で、主として自由刑の執行の方法に関するものであるが、当時、囚人の権利保障に関する事項は命令に委ねるべきでなく、法律をもつて規定せよとの要望に応えたものであつた。しかも、同法は死刑執行の方法に関してはほとんど規定するところなく、七条に「死刑の執行は監獄内の刑場に於て之を為す」と規定するの外、七二条に前記絞縄解除の時間に関する規定あるのみである。そして、同七二条は太政官布告六五号の二分を五分と改めたものであることは前叙のごとくであつて、即ち監獄法の右の規定は死刑の執行方法に関し、同布告の規定を補足するものであり、同布告は監獄法と一体を為して、刑の執行の方法に関し、行刑法体系を形成していたものというべきであつて、この点から見ても同布告は旧憲法下において法律と同一の効力をもつものとして取扱われていたことはあきらかである。

【裁判官奥野健一の補足意見】　死刑（絞首刑）といえどもその執行方法は多種多様であり、絞首の方法如何では残虐な刑となる可能性がある（例えばかつて満州で行われたという一本の小棒と一本の縄により首をしめ上げる絞首の執行方法の如きは或は残虐な刑ということになろうか）のみならず、苟も生命を奪う方法は基本的人権の最も重要な生命に関する重大事項であるからその手続は憲法三一条の「法律の定める手続」に該当するものであつて、同条は単に判決を言渡すまでの手続のみならず刑罰の執行手続をも包含するものと解すべきである。旧憲法の下においても同様であり、行政府の単なる規則に委ねることは許されないところであるというべきである。すなわち、絞首刑の執行方法に関する刑具の構造、使用方法、被執行者の取扱方法等の基本的事項は旧憲法の下でも、新憲法の下でも共に法律事項であるといわねばならない。

太政官布告六五号は、明治三年一二月二日頒布の新律綱領に定められた絞首刑の執行方法である絞柱式を改め、絞架式とするため、その刑具とその使用方法を図解し、また、絞縄解除の時間を定めたものであるが、新律綱領および改定律令が明治一五年旧刑法の施行により廃止されたものと解すべきものとしても、右布告はこれに附随して当然に失効することなく旧刑法の死刑（絞首刑）の執行方法を定めたものとしてなおその効力を有し、更に旧刑法が廃止され、新刑法が施行された後もその死刑の執行方法を定めたものとして有効に存続していたものと解すべきことは、その間同布告を廃止する旨の何らの法令も発せられず、また、これに代わるべき法令の制定もなかったことによっても明白である。

元来太政官布告は、法令の形式からいえば法律、命令等あらゆる形式の法令に該当するものを含み、実質的内容からいえば法律事項であるものと法律事項でないものとを含むものであるから、単に形式からいつて太政官布告六五号が法律として効力を有するのであるか、法律以外の法令として効力を有するものであるかは必ずしも明白でないのであるが、前記布告の内容が生命を剥奪する絞首刑の執行方法であつて基本的人権に重大な関係を有する事項を規定したものであるから、その名称の如何を問わず旧憲法下においても法律を以つて定むべき事項を定めたものであると解すべきことは前記のとおりであり、従つて旧憲法七六条一項により法律として遵由の効力を有していたものと解すべく、また、新憲法の下においても、右布告六五号の内容は憲法の条規に反しないものであり、同法九八条により法律として効力を有しているものと解すべきであるから、昭和二二年法律七二号一条の適用を受けないものというべきである。従つて右布告は現に法律と同一の効力を有するものとして有効に存続しているものと解する。

現に行われている地下絞架式の執行方法は、前記布告六五号の図解するところに比し、むしろ被執行者の精神的苦痛を軽減し、執行の公開主義から密行主義への推移に沿う合理性を備えているものであつて、右布告六五号に準拠していないとは言いえない。

【裁判官島保の意見】　死刑の執行は、適正に行われ不当に人権を害することのないよう、その手続は、法律によつて定められなければならないことはいうまでもない。ところでわが法律によれば、死刑の執行は監獄内の刑場において絞首によつて行われ（刑法一一条、監獄法七一条）その執行は法務大臣の命令がなければ行われず、その執行には検察官、検察事務官及び監獄の長又はその代理者が立ち会い、死刑の執行に立ち会つた検察事務官は執行始末書を作り検察官及び監獄の長又はその代理者とともにこれに署名押印しなければならず（刑訴四七五条、四七七条、四七八条）、死刑の言渡を受けた者の心身の状態によつては法務大臣の命令によつてその執行を停止すべきことが定められており（刑訴四七九条）、その手続が残虐であつてはならないことは憲法三六条の保障するところである。以上のように法律によつて死刑執行の手続の基本的事項が定められており憲法によつて保障されている以上、憲法三一条の要請は満たされているものと解すべきであるから、死刑執行手続の細部を定めた明治六年太政官布告六五号が今日においても法律としての効力を有するか否かを問うまでもなく、所論のような憲法三一条、三六条の違反は存しないものというべきである。

このように最高裁は、いずれも全員一致の大法廷判決で死刑は残虐な刑罰ではないとし、絞首による処刑方法についても多数意見は明治六年（一八七三年）太政官布告が現在も法律と同一の効力を有するとしてその有効性を肯定しているのである。なお、この点につき、栗田正最高裁調査官は、明治六年太政官布告六五号は、明治三年太政官布告九四四号新律綱領所定の絞刑の執行方法である絞柱式を地上絞架式に改めた独立の太政官布告であって、「現在のところ該布告が死刑（絞首刑）の執行方法に関する基本的事項を規定した唯一の根拠法規」と考えられているとした上で、「それにしても死刑という重大な刑罰の執行方法に関する基本的事項が今日なお約一世紀前の古めかしい太政官布告に準拠しているという事実は、右布告の法的効力に関する論議を別としても、誠に奇異の感を禁じえないものがある」と付言している。

第二節　裁判員裁判

裁判員裁判では死刑適用事件についても事実認定及び量刑判断につき職業裁判官と裁判員とが対等の立場で決定するため、思いがけなく裁判員に選任された一般国民が職業裁判官であっても躊躇する死刑の選択に直面することになった。そして注目されていたいわゆる耳かき店員等殺害事件で検察側は二〇一〇年一〇月二五日、約一時間半に及んだ論告の末、「人の命を奪う身勝手さを許さない社会を実現するためには極刑をもって望むほかない」と結論し、裁判員裁判として初めて被告人に死刑を求刑した。東京地裁は二〇一一年一一月一日、「死刑を選択する余地がないのか徹底的に議論したが、結局、極刑がやむを得ないとの結論に至らなかった」として被告人に無期懲役を言い渡した。翌一一月二日付朝刊各紙によると、裁判員四人と補充裁判員二人が記者会見に臨み、死刑か無期懲役かの重い判断に直面した悩みや疲労感をこもごも語りつつ生涯忘れない経験をしたと述べたという。

ところで、絞首刑は憲法三六条の禁止する〝残虐な刑罰〟であるかは憲法判断であり、裁判員法はこのような法令解釈に関する審理に裁判員の出席を義務付けていない。しかし、絞首刑が残虐な刑罰を禁止した憲法三六条に違反するかが正面から争われた大阪市此花区のパチンコ店放火殺人事件で大阪地裁は、裁判所の裁量権を定めた裁判員法六〇条に基づき「裁判員と補充裁判員の審理参加を認める」との異例の決定をした。

同事件では被告人の放火により五人が死亡し一〇人が重軽傷を負ったため裁判員裁判で殺人罪などに問われた被告人の第一一回公判で絞首刑が違憲かどうかを判断する審理が始まり「午前中は裁判員六人全員、補充裁判員三人のうち二人が出席した。」弁護側は冒頭、絞首刑について「速やかで安楽な死がただちに訪れるわけではない」ので憲法三六条が禁じる残虐な刑罰に当たると主張し、最高裁は合憲と判断しているが執行の在り方や身体への影響は検証されていないと述べた。その後、絞首刑に詳しいオーストリアの法医学者ヴォルター・ラブル（Walter Rabl）氏が弁護側の証人として出廷、「首が切断される可能性がある」などと説明し、弁護側の主張に沿う証言をした。

そして翌一二日の第一二回公判では前日に続いて絞首刑の違憲性を検討する審理があり、約三〇年前に執行に立ち会った経験がある元最高検検事で筑波大名誉教授の土本武司氏が弁護側の証人として出廷した。そして首が切れたり、即死しなかったりする絞首刑は残虐な刑罰を禁じた憲法三六条に反すると主張している弁護側の質問に対し、「正視に堪えられず、むごたらしい。残虐な刑罰に限りなく近い」と証言し、最高裁の合憲判決については「当時は妥当だったとしても、現在では同じ判断を軽々にしてはならない」と述べた。以上につき、詳しくは、石塚伸一ほか「死刑は残虐である――『此花区パチンコ店放火事件』傍聴記――」龍谷法学第四五巻一号一五五頁以下（二〇一二年七月）。

このような経緯を経て大阪地裁は平成二三年（二〇一一年）一〇月三一日、次のような判断を示し、被告人側の主張を退けたのである。

「絞首刑は、多くの場合、意識喪失までに最低でも五ないし八秒、首の締まり方によっては、それが二分あるいはそれ以上かかるものとなり、その間、受刑者が苦痛を感じ続ける可能性がある。しかも、場合によっては、頭部離断、特に頭部内部組織の離断を伴うことがある。絞首刑には、受刑者が死亡するまでの経過を完全には予測できないといった問題点がある。」しかし、死刑は、そもそも受刑者の意に反して、その生命を奪うことによって罪を償わせる制度である。受刑者に精神的・肉体的苦痛を与え、ある程度のむごたらしさを伴うことは避けがたい。憲法も、死刑制度の存置を許容する以上、これらを不可避のやむを得ないものと考えていることは明らかである。そうすると、死刑の執行方法が、憲法三六条で禁止する「残虐な刑罰」に当たるのは、考えうる執行方法の中でも、それが特にむごたらしい場合ということになる。「殊更に受刑者に無用な苦痛を与え、その名誉を害し、辱めるような執行方法が許されないことは当然としても、医療のように対象者の精神的・肉体的苦痛を極限まで和らげ、それを必要最小限のものにとどめることまで要求されないことは明らかである。」自殺する場合に比べて、安楽に死を迎えられるということになれば、弊害も考えられる。特にむごたらしいか否かといった評価は、歴史や宗教的背景、価値観の相違などによって、国や民族によっても異なり得るし、人によっても異なり得るものである。「死刑の執行方法が残虐と評価されるのは、それが非人間的・非人道的で、通常の人間的感情を有する者に衝撃を与える場合に限られるものというべきである。」そのようなものでない限り、どのような方法を選択するかは立法裁量の問題といえよう。

絞首刑が死刑の執行方法の中で最善のものといえるかは議論のあるところであろう。しかし、死刑に処せられる者は、それに値する罪を犯した者である。執行に伴う多少の精神的・肉体的苦痛は当然甘受すべきである。また、他の執行方法を採用したとしても、予想し得ない事態は生じ得るものである。確かに、絞首刑には、前近代的なところがあり、死亡するまでの経過において予測不可能な点がある。しかし、だからといって、既にみたところからすれば、残虐な刑罰に当たるとはいえず、憲法三六条に反するものではない。

ラブル証人の証言や、弁護人が提出した証拠によっても、頭部離断は、例外的に事故として生じるものであると認められ、しかも、多くの場合、頸部内部組織の離断にとどまる。そうすると、たとえこれらの事態が生じたとしても、多くの場合、断頭とまではいえないし、極めてまれな例外的な場合を一般化し、絞首ではなく断頭であるとするのは相当ではない。したがって、憲法三一条に反するものでもない（以上、弁護団提供の資料による）。

これに対し弁護団が控訴したところ検察官は、前述のように、「絞首刑は残虐な刑罰ではない」旨の答弁書を提出し、後日さらに大量の英文資料を弁護団に送付した。大阪高裁第三刑事部（中谷雄二郎裁判長裁判官、芦高源、高島由美子両陪席裁判官）は、おおむね次のように判示し、二〇一三年七月三一日、控訴を棄却した。

(1)　弁護人は、諸外国や我が国における絞首刑の執行状況に関する報告例等に基づき、アメリカ合衆国の各州において今日一般的に用いられる薬物注射と比較して、絞首刑の執行では、絞縄の長さの調節などを誤った場合等に頭部離脱や緩徐な死が発生することがありうることや、多くの場合に意識喪失までに一定の時間を要して受刑者に苦痛を感じ続けさせる可能性があるなどと主張する。そして確かに、絞首刑においても、事前に予測できない要因などによって例外的な経過が生じることを完全に防止することが困難であることは、所論指摘のとおりであるが、当審における事実取調べの結果（検第五号証、第六号証）により認められるとおり、「薬物注射など他の死刑の執行方法においても、同様の問題は生じ得る」のであり、そのような例外的な事例があるからといって、現在我が国で執行されている絞首刑という執行方法が、それ自体、受刑者に不必要な精神的、肉体的苦痛を与えることを内容とするものとして、人道上も残虐と認められる刑罰であるということはできない。

(2)　また、弁護人が原審および当審で立証するように、死刑制度や執行方法などに関して、諸外国では検討が進められ、様々な法整備もなされていることが認められる。そのような情勢などにも照らすと、生命を奪う究極の刑である死刑の執行方法について、今もなお、一四〇年も前の明治六年に太政官布告として制定され、執行の現状とも細部とはいえ数多くの点で食い違いが生じている明治六年太政官布告に依拠し、新たな法整備をしないまま放置し続けていることは、上記昭和三六年最高裁判決が、死刑の執行方法は法律事項であると判示した趣旨にも鑑みると、「立法政策として決して望ましいものではない。」とはいえ、現在の絞首刑も、その基本的事項は、法律と同一の効力を有する明治六年太政官布告に従った方法に則って執行されていることからすると、わが国において死刑の在り方やその執行方法の在り方に関する検討が未だ十分には進んでおらず、しかも、死刑の執行自体は前にみたように安定的な運用が行われている現時点においては、「未だこのような立法の不作為が憲法上の要請に反しているとまではいえない」から、立法の不作為の違憲性を主張する弁護人の主張は、結局、失当である。したがって、我が国の死刑の執行方法が憲法に反しているという論旨は、いずれも理由がない。

最高裁は【四】平成二八年（二〇一六年）二月二三日、「その執行方法を含め」死刑制度は憲法に違反しないとして上告を棄却したため被告人の死刑は確定した。

第三節　死刑判決の問題点

前述のように、「弁護団」から送られてきたパチンコ店放火殺人事件の控訴趣意書に対する大阪高等検察庁 検察官の二〇一三年一月一〇日付「絞首刑は残虐な刑罰に当たらない」旨の「答弁書」を一読したところ奇妙な一文に接した。「アメリカ合衆国ワシントン州において絞首が死刑執行方法として規定されているということは、アメリカにおいても絞首が合衆国憲法第八修正が禁止する〝残虐で異常な刑罰〟に該当しないとされていることの証左であるというべきである。」「以上のとおり、絞首の方法による死刑執行は他の文明国の裁判所においても禁止されておらず……他の死刑執行方法と比較して残虐であるとはいえず、憲法第三六条に違反するものではない」と答弁しているのである。正確を期すためひとまず検察官の答弁書の内容を明らかにしておく。

【検察官の答弁】　検察官は、絞首刑が憲法第三六条に違反するとの控訴趣意第一点についておおむね次のように答弁している。

(1)　現在我が国で行われている絞首の方法による死刑執行が憲法第三六条が絶対的に禁止する〝「残虐な刑罰〟に該当しないことは最高裁判所において幾度となく判示されてきたこと（最高裁昭和三〇年四月六日大法廷判決・刑集九巻四号六六三頁、最高裁昭和三六年七月一九日大法廷判決・刑集一五巻七号一一〇六頁、最高裁平成二〇年一月二九日第二小法廷判決・判時一九九九号一五三頁等）であり、これを改めなければならない理由はない。

(2)　死刑そのものが憲法第三六条が絶対的に禁止する〝残虐な刑罰〟に当たらず【二】（最高裁昭和二三年三月一二日大法廷判決・刑集二巻三号一九一頁等）、合憲である以上、必然的にそれを執行する方法が存在しなければならないことになり、時代と環境とにおいて人道上の見地から一般に残虐性を有する執行方法等のみが憲法第三六条において禁止されているというべきである（前記昭和二三年最高裁大法廷判決、Baze v. Rees, 533 U.S. 35 (2008) 参照）。

そして、どのような死刑の執行方法等が〝残虐な刑罰〟に当たるかについては、前記昭和二三年最高裁判決が〝残虐な刑罰〟として例示している死刑執行方法が火あぶり、はりつけ、さらし首、釜ゆでであることからすれば、「被執行者の生命を単に奪うだけではなく、意図的に苦痛、恐怖、屈辱を付加的に与えることを目的とした執行方法が〝残虐な刑罰〟に当たるというべき」であり（前記 Baze v. Rees, Wilkerson v. Utah, 99 U.S. 130 (1879) 参照）、現在我が国において行われている絞首刑が苦痛、恐怖、屈辱を付加的に与えることを目的とするものでないことは明らかである。

我が国において行われている絞首の方法による死刑執行が憲法第三六条に違反するものではないとした前記昭和

三〇年最高裁判決は、「現在わが国の採用している絞首方法が他の方法に比して特に人道上残虐であるとする理由は認められない」としているところ、この理は現時点においても何ら変わるところはない。

(3)　また、「アメリカ合衆国ワシントン州において絞首が死刑執行方法として規定されているということは、アメリカにおいても絞首が合衆国憲法修正第八条が禁止する〝残虐で異常な刑罰〟に該当しないとされていることの証左であるというべきである」。

加えて弁護人は、絞首刑の執行が上手く行かなかった場合に生じうる種々の事態を指摘し絞首刑の残虐性を主張するが、死刑の執行を行う際に失敗が起きた場合に何らかのリスクが生じるのは絞首に限られるものではなく、電気処刑やガス処刑、薬物注射においても生じうることであり、絞首刑においてのみ存在するものではない。報道等によれば、アメリカにおいて行われた「薬物注射においても執行に三四分を要し、少なくとも最初の二五分は被執行者は意識があった」例や、「注射に手間取り執行に約二時間を要した」例などがある。したがって、死刑の執行については、どれほど人道的な手法であっても失敗する可能性があり、若干の苦痛のリスクはつきまとうものである以上、このような執行における苦痛のリスクを全て回避することまで憲法が求めているのではなく、別の死刑執行方法によらなければ深刻な苦痛が生じる相当な危険性があり、その別の死刑執行方法は実現可能で容易に実施できるものであり、実際に深刻な苦痛の相当な危険性を大幅に低減することができるものであることが確認されているのに、そのような別の死刑執行方法を採用しない場合にはじめて、死刑執行方法が憲法第三六条が禁止する〝残虐な刑罰〟に該当すると考える（前記 Baze v. Rees 参照）。絞首刑を他の執行方法に改めなければ深刻な苦痛が生じる相当な危険性があると認めるに足る証拠はなく、しかも、弁護人は、実現可能で容易に実施でき、実際に深刻な苦痛の相当な危険性を大幅に低減することができる別の死刑執行方法を何ら提示していない。

(4)　以上のとおり、絞首の方法による死刑執行は「他の文明国の裁判所」においても禁止されておらず、実現可能で容易に実施でき、実際に深刻な苦痛の相当な危険性を大幅に低減することができる絞首以外の別の死刑執行方法が提示されているわけでもないから、絞首が他の死刑執行方法と比較して残虐であるとはいえず、憲法第三六条に違反するものとはいえない。

これに対し筆者は、答弁書が三度にわたり参照するベイズ判決（Baze v. Rees）は、検察官の主張とは異なり、間接的にせよ絞首刑の違憲性を明示している。また、ワシントン州において絞首刑の規定があるのは、アメリカにおいても絞首刑が〝残虐で異常な刑罰〟に該当しないとされていることの「証左」であるとの主張は、アメリカ法の無理解に基づいた独自の見解であり、到底容認できないと主張したのである。

日本国憲法第三六条が絶対的に禁止している〝残虐な刑罰〟は合衆国憲法第八修正後段で禁止されている〝残虐で異常な刑罰〟と同一規定と解されている（法学協会『註解日本国憲法 上巻』（一九五三年）六三六頁）以上、答弁書が合衆国最高裁判決を参照したこと自体は正しい。

「答弁書」が絞首刑は合衆国最高裁においても禁止されていないと主張する際に前出「刑事事務課」作成の上記資料を主たる参考にしてしたであろうことは両者を対比すると一目瞭然である。ただ、この点については、死刑の執行方法に関する二〇〇八年のベイズ判決に至るアメリカ法の全体像の把握が不可欠の前提となる。したがって次章においてアメリカ法を概観し検察官の「答弁書」の矛盾ないし誤りを指摘した後で改めて検討することとしたい。

選挙人名簿等から無作為で選出されたいわば素人の一般市民が一定の選任手続を経て死刑判決の事実認定および量刑判断に参加するという意味で日本の裁判員制度とアメリカの陪審制度は共通している。アメリカでは二〇〇二年の最高裁リング判決（Ring v. Arizona, 536 U.S. 584）以降、有罪認定段階で関与したのと同じ陪審が死刑の量刑判断にも関与するのが合衆国憲法第六修正の保障する公正な陪審裁判の要求であることが確立している。わが国の裁判員制度の下では、原則六人の裁判員が三人の職業裁判官とともにではあるが、事実認定および量刑判断に参加する、その意味でアメリカの陪審員と異なるところはない。そしてアメリカではおよそ三分の一の州で死刑が廃止されているものの、その他の連邦を含む法域では死刑が存置され、その執行方法は各法域で異なっていたが、絞首刑は早くから徐々に禁止され、今日ではすべての法域で致死薬物注射による処刑方法が採用されている。これに対しわが国では、明治期の太政官布告に基づく絞首による処刑の合憲性が今なお維持されているが、死刑の合憲性が肯定されている限りにおいて日米の法制度に差異はない。

そこで以下、憲法第三六条と同じく残虐な刑罰を禁止する第八修正の沿革に触れた後、死刑の合憲性をめぐる合衆国最高裁の態度を跡付けつつ、アメリカでの処刑方法の変遷を明らかにしておく。

第一節　第八修正の沿革

アメリカ合衆国は一七八八年に合衆国（連邦）憲法を制定したが、いわゆる権利の章典（Bill of Rights）を明記するかにつき争いがあり、第一修正ないし第一〇修正の権利の章典に関する諸規定は一七九一年に憲法修正条項として付加されることになった。その後、市民（南北）戦争を契機として、一八六五年から一八七〇年にかけて第一三修正ないし第一五修正の市民戦争修正条項（Civil War Amendments）が成立する。一八六八年（明治元年）成立の第一四修正は「いかなる州も、法の適正な手続によらなければ、人の生命、自由または財産を奪うことはできない」と定める。他方、一七九一年制定の第五修正は「何人も法の適正な手続によらなければ、生命、自由または財産を奪われることはない」と規定し、何人に対してもいわゆるデュー・プロセスを保障しているが、それはあくまでも連邦政府への規制にとどまる。これに対し一八六八年に制定付加された第一四修正のデュー・プロセス条項は州政府をも規制するものであるが、合衆国最高裁はその後も連邦主義を重視し州の刑事司法への合衆国憲法による介入を認めず、ほぼ六〇年間にわたり州の刑事手続における個人の権利侵害の申立てをすべて退けてきた。このような〝石器時代〟の幕引きの先駆けとなり、現代の憲法的刑事手続法（the modern law of constitutional criminal procedure）の到来を告げたのが「第一四修正のデュー・プロセス条項は州の刑事手続における弁護人依頼権を含むと解した」一九三二年のパウエル判決（Powell v. Alabama, 287 U.S. 45）である。

そしてウォーレン・コート（一九五三―六九年）下に合衆国最高裁は初めて第一四修正のデュー・プロセス条項を積極的に活用し、権利の章典の諸規定は、大陪審による正式起訴を除き、第一四修正のデュー・プロセス条項を介して州にも適用することが確立する、第八修正の残虐で異常な刑罰の禁止規定についても一九六二年のロビンソン判決（Robinson v. California, 370 U.S. 660）でこのことが明示された。合衆国最高裁は同判決において、麻薬使用の常習者を軽罪とするカリフォルニア州の制定法につき第一四修正のデュー・プロセス条項に違反すると判示した。すなわち、いかなる州であっても、歴史の現時点において、精神病、ハンセン病患者、あるいは性病罹患者を刑事犯罪者とすることはない。「このような病気を刑事犯罪とするのは、第八修正及び第一四修正に違反して残虐で異常な刑罰を科すものであるとすることに疑問の余地がないであろう。」われわれが本件で問題としている制定法もこれと「同一のカテゴリーのものと」考えざるを得ない。「それ故、州内において麻薬に一度も触れたことがなく、あるいは州内において逸脱行為で有罪とされたことがないにもかかわらず、このような麻薬中毒者を刑事犯として投獄する州法は残虐で異常な刑罰を科すものであり第一四修正に違反する。なるほど九〇日間の投獄は、抽象的には、残虐でもなければ異常でもない刑罰である。問題はしかし、抽象的に考えることではない。たとえ一日の投獄であっても、単なる普通の風邪にすぎない〝犯罪〟に対しては、残虐で異常な刑罰足りうる」と判示したのである。

第八修正の最大の問題は死刑の合憲性であるが、〝残虐で異常な刑罰〟という文言は一義的解釈になじまないことが繰り返し指摘されつつ「品位の発展的基準」がその解釈基準であることも確立している。合衆国最高裁はウォーレン長官執筆の一九五八年のトロップ判決（後出）において「第八修正の根底にある基本的概念は、人間の尊厳以外の何ものでもない」とした上で、同修正はその意味内容を「成熟社会の進歩を示す品位の発展的基準から引き出さなければならない」と判示した。そしてこの一文はその後繰り返し引用され、死刑の合憲性や絞首等による処刑方法の違憲性の判断基準として確立している。

以下、今日に至るまで繰り返し引用されている残虐で異常な刑罰に関する判示部分に限定して、簡単なコメントを付した上で先例を紹介しておく。

【1】ウィルカーソン公開銃殺刑合憲判決（一八七九年一〇月一日）

本判決（Wilkerson v. Utah, 99 U.S. 130）は、第一級謀殺罪で有罪とされた被告人に裁判官が公開銃殺による処刑を言い渡した事案につき、法的には何ら問題はないとした際に、以下のように判示した。すなわち、残虐で異常な刑罰は憲法によって禁止されているが、第一級謀殺罪に対する処刑方法としての銃殺刑は第八修正のカテゴリーに含まれないことに異論はない。脱走その他死刑犯罪で有罪とされた軍人は圧倒的多数の事案において銃殺刑を宣告されている。「残虐で異常な刑罰を科してはならないと定める憲法上の規定の範囲を正確に定義する努力には困難が伴う。しかし、拷問……、その他それと同一線上にある不必要で残虐な刑罰はすべて（punishments of tortune and all others in the same line of unnecessary cruelty）憲法によって禁止されていることを確認することで足りる。」

【2】ケムラー電気処刑合憲判決（一八九〇年五月二三日）

本判決（In re Kemmuler, 136 U.S. 436）は、第一級謀殺罪で有罪とされニューヨーク州法の規定により電気椅子による死刑が言い渡されたため残虐で異常な刑罰であるとして誤審令状による救済を求めた事案につき、ニューヨーク州知事の要請に応じて絞首刑を廃止した州議会の対応に言及した上で、【1】ウィルカーソン判決を引用しつつ、これを否定したものである。

ニューヨーク州知事は一八八五年一月六日、議会への年頭教書で次のように述べた。すなわち、〝現在の絞首による犯罪者の処刑方法は暗黒時代から続いてきたものであり、現代の科学はより野蛮でない方法で死刑囚の生命を奪う方法を提供できないのか疑問とするところです。この問題を議会の検討に委ねたい〟と述べたのである。州議会はこれに応じて、〝死刑適用事件での死刑の宣告を現代の科学で知られている最も人道的な方法〟で執行する方策を検討する委員会を設置した。同委員会は電気椅子による処刑（execution by electricity）を支持する報告書にあわせて法案を作成し、この法案が一八八八年法となった。すなわち、〝死刑は、すべての事案において有罪の宣告を受けたものの身体に死亡させるに十分な強度の電流を通すことによって執行されなければならない。そしてそのような電流の使用は有罪の宣告を受けた者が死亡するまで続けられなければならない〟と規定された。同法の適用を受け電気椅子による死刑が確定したケムラーは、合衆国最高裁に誤審令状による救済を求めたところ合衆国最高裁は次のように判示した。すなわち、

ニューヨーク州憲法第一条五項および連邦憲法第八修正はいずれも〝残虐で異常な刑罰〟を禁止している。この規定は一六八八年のイギリス議会の権利の章典から取られた。もしある犯罪に対し定められた刑罰が、例えば、火刑台での火炙りや十字架上の死刑（crucifixion）等のように、明らかに残虐で異常なものであれば、そのような刑罰が憲法の禁止に該当するかを判断することは裁判所の義務となろう。ウィルカーソン判決の法廷意見は〝残虐で異常な刑罰を科してはならないと定める憲法上の規定の範囲を正確に定義しようとする努力には困難が伴うだろう。しかし、拷問……その他それと同一線上にある不必要で残虐なものはすべて憲法によって禁止されていることを確認することで足りる〟と述べている。拷問または長びかせた死（lingering death）にかかわるときそのような刑罰は残虐である。しかし、死刑という刑罰は、憲法の中で用いられている言葉の意味において残虐でない。そこでの残虐という言葉は「何か非人道的で野蛮なもの、単に生命の消滅以上の何か（something inhuman and barbarous. something more than the mere extinguishment of life）」を意味していると判示したのである。

【3】　ウィームズ公文書偽造重罪違憲判決（一九一〇年五月二日）

本判決（Weems v. United States, 217 U.S. 349）は、公文書への虚偽記載を理由に腕から吊り下げた鎖を足首につけたまま一五年間労役に服するという刑罰を被告人に科した事案につき、第八修正の残虐で異常な刑罰に当たるとした

初期の代表的判例である。

どのような刑罰が異常で残虐な刑罰に相当するかは今まで正確に決定されたことはなかった。この文言は通常、何か非人間的で野蛮な拷問等を意味するといわれてきた。しかし、当裁判所の判例の中でこの文言を網羅的に定義したものはない。例えば、死刑適用犯罪（a capital offense）で有罪とされた被告人は、裁判所の選択によって、銃殺、絞首、または打ち首に処せられる旨のユタ州制定法を維持したウィルカーソン判決において、〝残虐で異常な刑罰〟の範囲を正確に定義するのは至難である。「しかし、拷問……その他それと同一線上にある不必要に残虐な刑罰は第八修正によって禁止されていることを確認することで足りる」と判示された。この文言はケムラー判決でも引用された。

憲法は、過去の害悪（evils）の経験からそのような害悪を阻止すべく制定されたというのは事実である。しかし、そのことの故に、その一般的文言は当然それ以前に発生していた害悪の形態に限定されるべきであるということにはならない。時代は変化をもたらし、新しい状況や目的を生み出す。それ故、ある原理が生命力を維持し続けるには、それを生み出した害（mischief）よりもそれを広く適用することができなければならない。このことはとりわけ憲法に当てはまる。憲法の規定は、一過性の出来事を意図したその場限りの立法ではない。それ故、憲法の条項は「前進しうるのであり、時代遅れの意味に固定されるのではなく、世論が人道にかなった正義によって啓発されるにつれて新しい意味を獲得しうる（may be therefore progressive, and is not fastened to the obsolete but may acquire meaning as public opinion becomes enlightened by a humane justice.）」と指摘されてきたのである。

【4】フランシス処刑失敗後再死刑合憲判決（一九四七年一月一三日）

本判決（Francis v. Resweber, 329 U.S. 459）は、死刑囚を電気椅子に座らせて処刑を開始したところ機械の故障が原因で死亡させるに至らなかったので一旦中止し、後日あらためて州知事の執行命令書を得た事案につき、第五修正の二重の危険条項、第八修正の残虐で異常な刑罰の禁止条項に違反せず、第一四修正のデュー・プロセス条項にも違反しないとしたものである。

現代の英米法の伝統的な人間性（humanity）は死刑の執行時に不必要な苦痛を科すことを禁止している。苦痛を科すことの禁止は一六八八年のイギリスの権利の宣言以来、わが法が受け継いできた。これと同一の文言がわが第八修正の中に見られる。当裁判所は一八九〇年のケムラー判決において、ニューヨーク州憲法の中に具体化されている類似の条項に関して、刑罰は〝拷問または長引かせた死にかかわるとき、そのような刑罰は残虐である。しかし死刑という刑罰は、憲法で用いられている言葉の意味内において残虐ではない。そこでの残虐という言葉は何か非人間的で野蛮なもの、単に生命の消滅以上の何かを意味している〟と述べ、電気椅子による処刑は連邦憲法に違反していないとした。憲法が有罪者に保障している残虐な刑罰の禁止は、刑罰の方法に内在する残虐性であって、人道的に生命を消滅させるために採用されたいかなる方法にも含まれる当然の苦痛（necessary suffering）でない。予想できなかった事故のため宣告刑が即座に完了できなかったという事実は、その後の処刑に残虐性の要素を付加するものでない。本件で求められている処刑には不必要な苦痛を科す意図もなければ不必要な苦痛も含まれていない。このような事故の不幸な犠牲者の状況は、例えば、独房棟での火災のような事故で同一の精神的苦痛および肉体的苦痛を味わうのと丁度同じである。本件死刑囚が受けた苦痛は、残虐性の故にデュー・プロセスの否定として非難される辛苦（hardship）のレベルに達しているということには同意できない。

【5】　トロップ脱走兵市民権剥奪違憲判決（一九五八年三月三一日）

本判決（Trop v. Dulles, 350 U.S. 86）は、軍事法廷で脱走の罪で有罪とされた被告人が後にパスポートを申請したところ戦時脱走罪での有罪判決を理由に国籍法の規定により市民権を喪失しているとして拒否された事案につき、ウィームズ判決を引きつつ、第八修正の意味内容は〝品位の発展的基準〟によることを明示した上で第八修正に違反するとしたもので、この基準は今日に至るまで〝残虐で異常な刑罰〟の解釈指針として必ず引照されている最も重要な最高裁判例である。

憲法上の〝残虐で異常〟という文言の正確な範囲は当裁判所によって詳論されていない。しかし、この文言に反映されている基本的ポリシーは刑事司法に関する英米の伝統の中で確固として確立している。わが憲法の文言は、一六八八年のイギリスでの権利の宣言から直接採用されたもので、そこに示されている原理はマグナ・カルタに遡ることができる。「第八修正の根底にある基本的概念は、人権の尊厳以外の何ものでもない（nothing less than the dignity of man）。」各州は処罰権限を有するが、この権限は文明的基準の限界内で行使されることを確保するために第八修正が存在している。これまで当裁判所には第八修正の正確な内容に触れる機会はほとんどなかった。しかし当裁判所は、公の記録の虚偽記載の罪で科せられた鎖をつけたままでの苦痛労働を伴う一二《ママ》年の投獄の刑罰に直面したとき、このような刑罰は過度に残虐で、その性格は異常であることを宣言するのに躊躇しなかった。当裁判所はこの【3】ウィームズ判決において、第八修正の文言は明確でないこと、そして第八修正の範囲は静的でないことを認めた。同修正はその意味内容を「成熟社会の進歩を示す品位の発展的基準（the evolving standards of decency that mark the progress of a maturing society）から引き出さなければならない。」

第二節　死刑の合憲性

合衆国最高裁は死刑自体を違憲と判示したことは一度もない。ところが、一九七二年のファーマン判決は謀殺罪で死刑が確定していた三事件を争点類似事件として一括審議し、これら事案において各被告人は恣意的に選別され死刑の判断を「裁判官または陪審の自由な裁量に委ね」られていたことを理由に第八修正および第一四修正に違反すると判示したため話題になった。同判決は裁判所による匿名意見（per curiam opinion）であり、右結論を明示するにとどまったが、九裁判官全員が詳細な賛否の個別意見を述べ、とりわけブレナン、マーシャル両裁判官は最高裁判事として初めて緻密な死刑違憲論を展開したため、わが国でも大いに注目されたのである。

ファーマン判決は合衆国最高裁による初めての違憲判決であり、その射程距離が問題になった。もっとも、第八修正違反と断じているのはブレナン、マーシャル両裁判官のみであり、ダグラス、ホワイト、スチュアートの三裁判官は、要するに、被告人ファーマンらは「恣意的に選別され」有意味な判断基準が示されないまま死刑を言い渡されたのであるから「雷に打たれた」のと同様に〝残虐で異常な刑罰〟を科せられたことになるとして同調したにとどまる。そして現に合衆国最高裁は四年後のグレッグ判決において、ファーマン判決に従って法を改正して死刑の判断基準について詳細な規定を設けたものの、従前と同じく謀殺罪等の犯罪類型については死刑を保持している州法の下での死刑判決を第八修正に違反しないとした。アメリカ社会の大半が死刑を相当かつ必要な制裁であると考えているのはファーマン判決後の各立法府の対応から明白であり、死刑の絶対的禁止を要求しているものと第八修正を解釈すべき時期が到来しているとする「品位の発展的基準」に立脚した主張はその前提が崩れている、また量刑宣告機関への相当な情報および指針の提供によってファーマン判決の要求は満たされており、もはや裁判所は従前のように気まぐれに死刑を言い渡すことはできないというのである。

二〇一五年のグロシップ判決でのブライア反対意見がファーマン判決以来の現職最高裁判事による死刑違憲論として注目されている折柄、ファーマン、グレッグ両判決を改めて確認する必要があろう。

【6】ファーマン死刑手続違憲判決（一九七二年六月二九日）

本判決（Furman v. Georgia, 408 U.S. 238）は、謀殺罪や強姦罪で有罪とされ州段階で死刑が確定した三事件について、「[これら各事案において]死刑を科すことは第八修正および第一四修正に反する残虐で異常な刑罰に相当する(constitute)かの問題に限定して」上告受理の申立てを容れ、これを肯定したものである。ただ、反対意見を含めると二三三頁もの長文であるが、裁判所による匿名意見であるため、九裁判官全員の詳細な個別意見が付されているものの、「これら各事案において死刑を科してこれを執行することは第八修正および第一四修正に反する残虐で異常な刑罰に相当すると判示する」にとどまる。ダグラス、ブレナン、スチュアート、ホワイト、マーシャルの五裁判官は判示を支持する各個別意見を、これに対しバーガ首席裁判官は反対意見を書き、これに同調するブラックマン、パウエル、レンキストの三裁判官はさらに別途個別の各反対意見を書いている。残虐で異常な刑罰に関する先例を正確に理解する上で有用と思われるものに限定して、各意見の一部を紹介しておく。

【ブレナン裁判官の同調個別意見】　本件での問題は、死刑は今日〝残虐で異常な〟刑罰であり、したがって、第八修正および第一四修正によって、それを科すのは州の権限を越えているかである。当裁判所は、ほぼ一世紀前の【1】ウィルカーソン判決において〝残虐で異常な刑罰を科してはならないと定める憲法上の規定の範囲を正確に定義する努力には困難が伴う〟ことを指摘した。一五年前に【5】トロップ判決において再び〝憲法上の残虐で異常な刑罰の正確な範囲は当裁判所によって議論されたことはなかった〟ことを指摘した。これらの一文は今日なお真実である。残虐で異常な刑罰条項は、憲法の他の条項と同様に、正確な定義になじまない。しかし、それが体現する価値と思想はわれわれの政治体制にとって基本的原理であること、そして争われている刑罰の憲法上の有効性をこの条項によって判断する義務が当裁判所に課せられていることをわれわれは知っている。われわれは本件で、この問題を解決する仕事に直面しているのである。

1　残虐で異常な刑罰条項制定時の憲法起草者の意図を示す証拠はほとんどない。そして【3】ウィームズ判決でも指摘されたように、議会でもほとんど議論されなかったが、起草者の関心が専ら立法権限に向けられていたことは明らかである。権利の章典の中に〝残虐で異常な刑罰〟を禁止する規定が含まれたのは、そうでないと犯罪に対する刑罰を無制約に規定する権限（unfettered power）が立法者に付与されると考えられたからである。しかし、起草者がどのような刑罰を残虐で異常な刑罰と考えたかを知ることはできない。拷問的な刑罰を禁止する意図を有していたのは間違いないが、単に拷問的な刑罰だけが禁止されたとの結論を裏付ける証拠はない。憲法上の規定は〝確かに過去の害悪の経験から（そのような害悪を阻止すべく）制定された〟ものであるが、必ずしもそれまでに存在した害悪の阻止にだけ限定されることを意味しない。〝時代は変化をもたらし、新しい状況や目的を生み出す。それ故、ある原理が生命力を維持し続けるには、それを生み出した害よりも広く適用することができなければならない〟からである。

当裁判所は初期の判決で、〝残虐で異常な刑罰〟の徹底的な定義をしなかった。その多くは、過去の例を検討し、権利の章典採用時に〝残虐で異常〟と考えられていた刑罰と類似のものであれば、その刑罰は〝残虐で異常〟であると結論するにすぎなかった。しかし、当裁判所は【3】ウィームズ判決で、このような第八修正の〝歴史的〟解決を断固として拒否した。要するに、当裁判所は、憲法起草者の見解を〝憲法的抑制（constitutional check）〟として採用し、残虐で異常な刑罰を受けない権利は、他の権利の宣言の保障と同様に、国民投票になじまない（may not be submitted to vote）としたのである。

争われている刑罰と歴史的に非難されてきた刑罰とを単に比較するというのであれば、われわれの仕事は実に容易であろう。しかしながら、このような不当な見解は一九世紀に過去のものとなった。われわれの仕事はより複雑である。〝残虐で異常な刑罰条項の範囲は静的でない〟、それ故、同条項は〝成熟社会の進歩を示す品位の発展的基準からその意味を引き出さなければならない。〟むろんこのことは調査の出発点にすぎない。【5】トロップ判決において〝第八修正の根底にある基本的概念は人間の尊厳以外の何ものでもない、各州は処罰権限を有するが、この権限は文明的基準の限度内で行使されることを保証するために同条項が立ちはだかっている〟と指摘された。要するに、残虐で異常な刑罰条項は非文明的で非人道的な刑罰を科すことを禁止している。州は、その構成員を処罰する時でも、構成員の人間として本来備わった価値を考慮して取り扱わなければならない。それ故、もし刑罰が人間の尊厳に適合（comport）しなければ、その刑罰は残虐で異常な刑罰であることになる。

2　〝当裁判所には今まで同条項の正確な内容を明らかにする機会がほとんどなかった〟にしても、争われている刑罰が人間の尊厳に適合するかどうかの司法判断をするのに十分な原理が同条項に内在することはわが判例の中で認められてきた。

第一の原理は、刑罰は人間の尊厳を貶める（degrading）ほど厳しいものであってはならないということである。苦痛は確かに一つの判断材料たりうる。苛酷な刑罰にはしばしば物理的苦痛が伴う。しかし、物理的虐待や原始的な拷問が伴われていなくても、激しい精神的苦痛が一定の刑罰に内在しうる。それはまさに国籍離脱が同条項に違反すると判示したトロップ判決の多数意見の根底にある結論であり、腕から吊り下げた鎖を足首に付けるカデナ・テンポラル（cadena temporal）に内在する物理的精神的苦痛が当の刑罰を〝残虐で異常〟であるとしたウィームズ判決の判断の根拠であったことは明らかである。

しかしながら、刑罰の苛酷性が人間の尊厳を貶めるという判断には苦痛の存在以上のものが含まれている。非難された野蛮な刑罰、すなわち〝拷問台、親指を締めつける拷問具（thumbscrew）、鉄靴、手足を引き伸ばす拷問等の刑罰〟はもちろん〝激しい苦痛を伴う。〟しかし、そのような刑罰はなぜ非難されたのか、その理由を考えると、それに伴う苦痛が唯一の理由でないことが分かる。これらの刑罰の真の意味は、同じ人間の一員を非人間として玩具のように遊んで捨てる物体（objects to be toyed and discarded）として取り扱うことにある。このような刑罰は、それ故、最悪の犯罪者であってもなお共通の人間としての尊厳を有する人間である（a human being possessed of common human dignity）という第八修正条項の基本的前提と整合しない。

例えば、【4】フランシス判決において、電気処刑が失敗したため〝精神的苦悩と肉体的苦痛〟が生じたが、それは予期せざる事故の結果だった。しかしながら、その失敗が意図的なものであったとすれば、その後の電気処刑という刑罰は、拷問と同様に、人間を貶めるものであり、犯罪者の人間としての立場に適合しないことになろう。実際、それが刑罰であるという理由だけで人間の尊厳を貶めるということはありうる（may be degrading）。〝精神病者、ハンセン病患者あるいは性病罹患者〟、あるいは麻薬中毒者であるという理由で人を処罰することはできない。病気であるという理由で刑罰を科すのは、その個人を病者である一人の人間としてでなく、病気にかかった物体（a diseased thing）として取り扱うことになる。刑罰が〝抽象的に〟厳しくないということは重要でない。〝一日の投獄であっても単なる普通の風邪にすぎない犯罪に対しては残虐で異常な刑罰足りうる〟からである。ロビンソン判決。もちろん、ある刑罰は余りにも法外であるという理由だけで人間としての品位を貶めることもありうる。その適例は国外追放（expatriation）であり、これは必然的に人間の共同社会の一員としての個人の存在の否定を伴うから〝拷問より原始的な刑罰〟である。【5】トロップ判決。

ある刑罰が人間の尊厳に適合するか否かを判断する際に、第八修正条項に内在する第二の原理——すなわち州は厳しい刑罰を恣意的に科すことはできない――も役立つ。実際、〝残虐で異常な刑罰〟という文言は、厳しい刑罰を恣意的に科すことへの非難を含んでいる。例えば、当裁判所は【3】ウィームズ判決において、〝アメリカの立法に存在していなかった〟刑罰を取り消し、類似の犯罪に対し合衆国およびフィリピン法の下で科せられる刑罰を検討した後で、このような著しい相違は「無制約の権限と憲法の制約の精神の下で行使される権限との相違を示している」と宣言した。そしてトロップ判決において当裁判所は、戦時の逃亡を国籍剥奪で処罰する連邦議会の制定法を違憲と判示し、〝世界の文明諸国は犯罪に対する刑罰として国籍剥奪を科すべきでないことに事実上一致している〟ことを強調したのである。

第八修正に内在する第三の原理は、厳しい刑罰は現代社会で受容されないものであってはならない（must not be unacceptable）ということである。トロップ判決は、〝死刑はわが国の歴史を通じて採用されてきたものであり、なお広く認められている今日において憲法上の残虐の概念に反するということはできない〟と指摘することによって、現在の受容と過去の利用とを結びつけた。麻薬中毒者の処罰にかかわるロビンソン判決において当裁判所はさらに歩を進め、〝このような病気を刑事犯罪とすることは、疑いもなく残虐で異常な刑罰を科すものである〟と結論付けたのである。

第八修正に内在する最後の原理は、厳しい刑罰は過重であってはならない（must not be excessive）ということである。刑罰が不必要であれば、この原理の下で、その刑罰は過重である。刑罰が無意味な苦痛を与えるにすぎないとき、そのような刑を科すのは人間の尊厳と相容れない。刑罰の目的を達成するに足りるそれより軽い刑罰が他にある場合、そのような刑罰は不必要であり、それ故、過重である。

権利の章典が採用されて以降、当裁判所が第八修正の禁止条項に含まれると判断したのは三件の刑罰のみである。【3】ウィームズ判決（鎖につながれたままの一二年の重労働と苦痛を伴う仕事）、【5】トロップ判決（国外追放）、ロビンソン判決（麻薬中毒者を理由とする投獄）を見よ。各刑罰はもちろん、人間の尊厳に悖る（degrading to human dignity）ものであったが、いずれも前述の原理のどれかに決定的に違反するとは断言できなかった。これらの〝残虐で異常な〟刑罰は、前述の諸原理が複雑にからみ合っており、各判決を支えたのはこれら原理の全体的適用であった。このことは驚くべきことでない。これらの原理は相互に関連しており、その基準は通常重複しているからである。

3　当裁判所は一定の処刑方法に対する憲法上の異議申立てにかかわる三事件について判断を示したことがある。【1】ウィルカーソン判決と【2】ケムラー判決で銃殺刑と電気死刑を是認し、【4】フランシス判決では、最初の電気死刑が失敗した後の第二回目の電気死刑を是認した。これら三判決は「死刑の種々の執行方法に関して判断を示しつつ、過去において死刑は憲法上許容しうる刑罰であることを前提にしていたことを明らかにしている。」しかし、死刑自体の合憲性が残虐で異常な刑罰条項の下で当裁判所に提起されたのは初めてのことである、すなわち、直接このことを検討したことのなかった過去の判例を引き出すことによってこの問題を回避することはできない。とすると問題は、死刑は人間の尊厳に反する刑罰を禁止する第八修正の命令に一致するかどうかである。先に詳述した原理の下では「死刑は今日、〝残虐で異常な〟刑罰である。」

【スチュアート裁判官の同調個別意見】　死刑という刑罰は、その他すべての刑事罰とは、その程度においてではなく、種類において全く異なる。死刑は変更不可能性（irrevocability）という点において無比（unique）である。それは、刑事司法の根本的目的としての有罪確定者の更正を拒否することにおいて無比である。そして最後に、それはわれわれの人間性の概念に含まれているものをすべて絶対的に拒絶することにおいて無比である。

このような理由等によって、少なくとも二人の同僚裁判官は、死刑を科すことはどのような状況下においても第八修正および第一四修正の下で憲法上許容できないと結論した。

この点に関し、「応報は刑罰を科す際に憲法上許容できない要素であるということには同意できないことだけを指摘しておく。本能的な応報感情は人間の本性の一部であり（the instinct for retribution is part of the nature of man）、かかる本能を刑事司法の運用の中に流し込むこと（chanelling）は、法によって支配される社会の安全性を促進する。組織社会が〝それに値する〟刑罰を犯罪者に科さないと人々が信じはじめると、無秩序――自力救済、自警司法（vigilante justice）、私刑法――の種がまかれることになる。」

本件での各死刑判決は、第一四修正を介して州に適用される第八修正の残虐で異常な刑罰の禁止規定のまさに核心にある法制度の産物である。本件での死刑宣告は、雷に打たれること（being struck by lightning）が残虐で異常であるのと同様に残虐で異常である。けだし、一九六七年と一九六八年に強姦と謀殺で有罪とされた人々の中から恣意的に任意に選別され死刑が宣告された一握りの者の中に本件申立人ファーマンらが含まれているからである。合衆国前司法長官は国会で「少数の恣意的に選別された（capricious selecton）犯罪者だけが死刑に処せられた」と証言している。わたくしは単に、このような無比の刑罰がきわめて気まぐれに（so wantonly and so freakishuly）科せられることを許している法制度の下で死刑判決を科すことを第八修正および第一四修正は容認できない（cannot tolerate）と結論するにすぎない。

【7】グレッグ謀殺死刑合憲判決（一九七六年七月二日）

本判決（Gregg v. Gerogia, 428 U.S. 153）は、武装強盗および謀殺罪で起訴された被告人がいずれについても有罪とされ死刑を宣告されたところ州最高裁が前者の死刑宣告のみを取消したため後者の死刑宣告の合憲性が争われた事案につき、【6】ファーマン判決後の各法域での新立法等を検討した上で、七対二で謀殺罪に対する死刑は違憲とはいえず、州法上の本件死刑制度を違憲ではないとしてものである。

1　当裁判所は、一九七二年のファーマン判決まで、当の犯罪または死刑手続の異常さ（enormity）にもかかわらず、死刑は常に憲法に反する残虐で異常な刑罰であるかという根本的主張に正面から取り組むことは一度もなかった。この問題はファーマン判決で提示されたが、四人の裁判官は死刑それ自体は違憲でないと考え、二人の裁判官は反対の結論に達し、三人の裁判官は当の制定法は適用無効であることに同意したにとどまる。われわれは今、死刑は必ずしも（not invariably）憲法に違反するものではないと判示する。

A　第八修正起草時にイギリスでの文言をそのまま採用した合衆国憲法起草者は、当時禁止されていた〝拷問〟その他の野蛮な刑罰に関心を抱いていた。当裁判所は第八修正の命題が提示された初期の判例において、刑罰の特定の執行方法に焦点をあて、それらが余りにも残虐であるため憲法の基準をパスするかを判断した。しかし、当裁判所は、一八世紀において一般的に非合法化されていた〝野蛮〟な方法に限定せず流動的な方法で第八修正を解釈した。当裁判所は一九一〇年の【3】ウィームズ判決において、公文書偽造の罪で科せられたフィリピンの刑罰カデナ・テンポラルの合憲性に言及した。その刑罰は手足を鎖で縛られ重労働を伴う「少なくとも一二年と一日」の投獄を含んでいた。当裁判所は、この刑罰には残虐な苦痛が伴う可能性のあることを認めながら、そのことには依拠せず「犯罪と刑罰との均衡性の欠如」に焦点を合わせた。その後、一九五八年のトロップ判決において当裁判所は、軍の営倉を抜け出した脱走兵に対する市民権喪失という刑罰の合憲性を検討した。均衡性の概念は同判決の基礎ではなかったが、多数意見は傍論で〝罰金、投獄、そして処刑でも、それらを科しうるのは犯罪の重大性いかんによる〟と指摘している。一九六〇年のロビンソン判決で当裁判所は、麻薬中毒者であるという身分を刑事犯罪とする州法を違憲と認定し、そのような身分に対し刑罰を科すことは〝残虐で異常〟であると判示した。現に科された刑罰の残虐性を抽象的に論じても無意味である「たとえ一日の投獄であっても、普通の風邪のような犯罪に対しては残虐で異常な刑罰足りうる」と判示したのである。

このような先例によれば、第八修正は静的な概念（a static concept）として考えられていなかったことは明らかである。ウォーレン首席裁判官がしばしば引用される成句（often quoted phrase）で述べているように、第八修正は「成熟社会の進歩を示す品位の発展的基準からその意味内容を引き出さなければならない。」それ故、当の制裁を科すことに関する現代の価値の評価が第八修正の適用に当たり重要となる。この価値の評価は、主観的判断を要求するものでなく、所与の制裁に対する国民の態度を反映している客観的指標（objective indicia）に注目することを要求している。われわれの先例は、しかし、刑事制裁についての品位の基準に関する国民の認識は決定的でないことをも示している。刑罰は第八修正の基礎をなす基本的概念である人間の尊厳にも合致したものでなければならない。このことは少なくとも、刑罰が過度であってはならないことを意味する。過度であるかどうかの判断には二つの側面がある。第一、刑罰は不必要で不当な苦痛を与えるものであってはならない。第二、刑罰は犯罪の重さとの均衡を著しく欠くものであってはならない。

B　われわれには憲法上の制約を確保する義務があるが、立法者として行動することはできない。われわれは、それ故、民主的に選出された立法府によって選択された刑罰を憲法上の基準で評価する際に、その合憲性を推定する。そして国民の代表者の判断を攻撃する者には重い挙証責任が課せられる。このことが真実であるのは、憲法判断は現代の基準の評価と絡み合っており、そして立法府の判断は、そのような現代の基準を確認する方向に大きく傾いていることによる。

C　憲法の文言自体からも、死刑の存在が憲法起草者によって是認されていたのは明らかである。第八修正が批准された当時、死刑はすべての州において普通の制裁であった。当裁判所はおよそ二〇〇年にわたり繰り返し、そして度々明示に、死刑それ自体は無効でないことを認めてきた。ウォーレン首席裁判官がトロップ判決で指摘したように、〝死刑はわれわれの全歴史を通じて採用されてきたのであり、なお広く受け入れられている今日、死刑は憲法上の残虐という観念に反するということはできない〟のである。

四年前のファーマン判決において申立人らは、品位の基準は死刑をもはや容認しえない地点にまで発展していると主張した。要するに、発展中の過程は完了してしまった（the evolutionary process had come to an end）のであるから、品位の基準によれば、その重大性および社会へのインパクトいかんにかかわらず、いかなる犯罪に対しても死刑を禁止するものとして第八修正を解釈する時期がついに到来したというのである。この見解は二人の裁判官によって受け入れられた。三人の他の裁判官は、そこまでは認めず、現に科せられた刑罰よりも被告人らが選別されて死刑を宣告されるに至ったその手続に焦点を合わせ、当該州法は憲法上無効であるという結論に同調した。

被告人は本件で再び〝品位の基準〟論を唱えるが、ファーマン判決以降四年間の展開を見れば、彼らが依拠する前提は事実上崩れている。アメリカ社会の大部分が依然として死刑を相当かつ必要な制裁であると考え続けているのは今や明白である。謀殺罪に対する死刑を是認する最も顕著なアメリカ社会の指標は、ファーマン判決に対する立法府の対応である。少なくとも三五の州議会は、少なくとも他人の死を結果として生ぜしめた若干の犯罪に対する死刑を是認する新しい法律を制定した。ファーマン判決後の制定法はすべて、死刑自体は国民の選ばれた代表者によって排斥されていないことを明らかにしている。

第八修正は、しかし、死刑が現代社会に受け入れられているという以上のことを要求している。死刑は第八修正の核心にある人間の尊厳という基本的概念に一致するかどうかを判断しなければならないからである。死刑は二つの社会的目的、すなわち応報と犯罪者予備軍による死刑犯罪の抑止に役立っているとされる。死刑は、とくに攻撃的な行為に対する社会の道徳的憤慨（society's moral outrage）の表現でもある。この機能は、そのような不法な行為に対し自力救済に訴えずに法的手続に依拠することを市民に求める秩序ある社会において不可欠である。「応報は、もはや刑法の支配的目的ではないが、それは禁断の目的でもなければ、人間の尊厳に対するわれわれの敬意と矛盾するものでもない。」

2　ファーマン判決は、死刑を科すこと自体が残虐で異常な刑罰に関する憲法の禁止規定に違反すると判示しなかった。しかし、死刑は他の刑罰とは種類が異なることを認め、その特殊性の故に、恣意的で気まぐれな方法で言い渡される事実上のリスクを生じうる量刑手続の下で死刑は科せられるべきでないと判示した。実際、ファーマン判決で当裁判所が検討した死刑は残虐で異常であった。ファーマン判決での被告人らは、死刑犯罪で有罪とされた者の中から気まぐれに選択されて死刑を言い渡されたからである。第八修正および第一四修正は、死刑という特殊な刑罰をこのように気まぐれに科すことを認める法制度の下での死刑判決を容認しない。このような見解は、判決に同調した他の裁判官によっても明らかにされている。

3　ファーマン判決の基本的関心事は、気まぐれで恣意的に死刑を言い渡された被告人に集中していた。同事件の手続の下では、量刑宣告機関は犯罪の性質や状況あるいは被告人の性格や記録に注意を払うことを要求されなかった。陪審は指針のないまま、気まぐれとしかいいようのない方法で死刑を言い渡したのである。これとは対照的に、新しいジョージア州の量刑手続は、当該犯罪の個別的性質および被告人の個別的性格に関する陪審の注目に焦点を合わせている。陪審は、いかなる加重または減軽の事由を考慮することを認められているが、死刑を科すのであれば、その前に少なくとも一つの制定法上の加重事由を認定・確認しなければならない。このような方法で陪審の裁量は行使されているのであり、陪審はもはや気まぐれに死刑判決を科すことはできないのである。

第三節　死刑範囲の限定

合衆国最高裁は、その後も死刑の合憲性を維持しつつ、次第に死刑の適用範囲を限定している。コカ判決は、成人女性への強姦に対する死刑は余りにも不均衡で第八修正に反するとした。そして二〇〇二年のアトキンズ判決では精神遅滞犯罪者への死刑につき、二〇〇五年のロパ判決では少年犯罪者への死刑につき、さらに二〇〇八年のケネディ判決では児童に対する強姦犯罪者への死刑につき、いずれも第八修正違反と判示するに至った。なお、罪刑の均衡性は非死刑事件についても憲法上必要とされるかについては争いがあったが、二〇〇三年のユーイング判決(Ewing v. California, 538 U.S. 11)でこれを肯定することが確立した。同判決の最大の意義ないし問題点は、いわゆる三振法の合憲性を肯定したことにあるが、罪刑の均衡性の原理自体は非死刑事件においても憲法上の要求であることが七人の裁判官によって改めて確認されたため、第八修正の禁止する〝残虐で異常な刑罰〟は死刑事件であると非死刑事件であるとを問わず、罪刑の均衡原理を含んでいることが判例上確立したのである。

以下、主要な関連判決の要旨を順次紹介しておく。

【8】コカ成人女性強姦死刑違憲判決(一九七七年六月二九日)

本判決(Coker v. Georgia, 433 U.S. 584)は、殺人、強姦等で服役中に脱走し、武装強盗の過程で被害者夫人を強姦、間もなく逮捕された被告人に対し、陪審が加重理由を認めて死刑判決が言い渡された事案につき、成人女性への強姦に対する死刑は余りにも不均衡で第八修正の禁止する残虐で異常な刑罰に当たるとしたものである。

1　ファーマン判決および前開廷期のグレッグ判決等において詳論したので、死刑の合憲性に関する論争を繰り返す必要はない。死刑は必ずしも第八修正の意味での残虐で異常な刑罰ではないこと、内在的に野蛮なものでも犯罪に対する容認できない刑罰方法でもないこと、必ずしもそれが科される犯罪に不均衡なものでないことが確立している。さらに、少なくとも謀殺罪に対し、ジョージア州法の手続に従って死刑を科すことは、当裁判所がファーマン判決において従前のジョージア州の死刑処罰法を無効とするに至ったその欠陥を回避できることも確立している。

当裁判所は、しかし、グレッグ判決で死刑判決を維持した際に、第八修正は〝野蛮〟な刑罰だけでなく犯された犯罪との関係で〝過度〟な刑罰をも禁止している旨の従前のファーマン判決等の判示および傍論を十分に受け入れている。当裁判所はグレッグ判決において、このような拠り所（source）に十分考慮した後で、故意の謀殺に対する死刑は無目的に科された刑罰でもなければ、犯罪に対し著しく均衡を欠いた刑罰でもないと判断した。当裁判所は、しかし、「その他の犯罪に科せられる死刑の合憲性の問題については判断を留保」していた。

2　グレッグ判決で留保された問題が、成人女性への強姦に対する死刑判決に関して本件で提示されている。われわれは、強姦に対する死刑は著しく均衡を欠いた過度の刑罰であり、それ故、残虐で異常な刑罰として第八修正によって禁止されていると結論するに至った。

多数の州は、この五〇年間に一度も強姦に対する死刑を認めていない。一九二五年当時、一八州とコロンビア特別区および連邦政府が成人女性の強姦に対し死刑を認めていた。しかし、【6】ファーマン判決直前の一九七一年になると、その数は大幅ではないが、少し減少し、連邦政府と一六州だけになった。各州はファーマン判決の要求を満たすため、死刑処罰法の見直しを迫られた。三六州は直ちに、少なくとも限定された犯罪類型に対する死刑を再び制定法化した。しかし、強姦に関する公の判断は、これとは劇的に異なっている。ファーマン判決の要求を満たすために死刑処罰法を改正した際に強姦に対する死刑を新たに認めた州は一つもない。その結果、ジョージア州は強姦被害者が成人の女性であるときにも死刑判決を是認している唯一の法域であり、他の二つの法域だけが被害者が子供のときに強姦罪に対する刑罰としての死刑を制定している。このように強姦に対する死刑に関し各州立法は完全に一致しているとはいえないが、成人女性の強姦に対する相当な刑罰としての死刑を拒絶する方向に大きく傾斜していることは明らかである。

3　このような州の立法は、本件争点を完全に決定するものでない。憲法は結局のところ、第八修正の下で死刑を是認できるかの問題に関するわれわれの判断が重要と考えているからである。そうであるにもかかわらず、強姦に対する死刑を拒絶する立法の動向は、「死刑は成人女性への強姦罪に対する刑罰として不均衡であるとのわれわれの判断を裏付けている。」

われわれは、強姦の犯罪としての重大性を無視しているのではない。強姦は疑いもなく、重い処罰に値する、しかし人の生命を不当に奪う謀殺とは比較できない。死刑は、それ自体人の生命を奪わない強姦犯人に対しては過度の刑であることをわれわれは確信するのである。

【9】エンムンド強盗殺人逃走車運転死刑違憲判決（一九八二年七月二日）

本判決（Enmund v. Florida, 458 U.S. 782）は、共犯者の強盗殺人時に逃走車内で待機していたにすぎなかった被告人に対し州法の殺人幇助の規定が適用され死刑が言い渡された事案につき、関連判例とりわけコカ判決と対比しつつ、第八修正および第一四修正に違反するとしたものである。

1　当裁判所は最近、コカ判決において成人女性への強姦に対する死刑は〝余りにも不均衡かつ過度の刑罰〟であり、第八修正によって禁止されていると判示した際に、「可能な限り客観的要素の裏付け」による判断の重要性を強調し、問題の刑罰の歴史的発展、立法者の判断等に目を向けた。われわれは類似の方法で、本件争点である刑罰を分析する。

三六の各州と連邦法域が現在死刑を認めており、その中で八法域だけが、他の（仲間の）強盗犯人が人の生命を奪ったことを理由に死刑を認めている。被告人が何らかの形で強盗に参加し、その過程で殺人が行われたことだけを理由に死刑を科すことを認めているのはごく少数の八法域にとどまる。むろん、このような立法者の判断は決定的ではないものの、本件犯罪に対する死刑を拒絶する方向に大きく傾斜している。

〝陪審は現代の価値に関する信頼できる客観的指標である。〟アメリカの陪審は被告人のような犯罪に対する死刑宣告を拒絶しているという証拠は圧倒的である。なお、ある調査研究によると、陪審は、〝被告人の代理刑事責任（the vicarious criminal responsibility）に対して死刑を科すこと〟を嫌うという。

2　強盗は重罪に値する重大な犯罪であることに疑問の余地はないが、死刑が唯一相当な対応と考えられるほどの重大な犯罪ではない。それは人の生命を不当に奪う謀殺罪とは比較できない。コカ判決において強姦罪に対して指摘したように、〝その峻厳性および回復不能性の点で特異である〟死刑は、本件のように、人の生命を奪わない強盗犯人に対しては過度の刑罰であることをわれわれは確信するのである。

【10】トンプソン一五歳少年死刑違憲判決（一九八八年六月二九日）

本判決（Thompson v. Oklahoma, 487 U.S. 815）は、元義兄弟への残虐な殺害時に一五歳であった少年犯罪者への死刑は第八修正の判断基準である〝成熟社会の進歩を示す発展的基準〟によれば〝残虐で異常な刑罰〟に相当するとしたものである。

第八修正の起草者は、残虐で異常な刑罰を科すことを絶対的に禁止したが、この語句の輪郭を明らかにしようとはしなかった。彼らはこの仕事を〝成熟社会の進歩を示す品位の発展的基準〟によって指導される将来の裁判官の判断に委ねたのである。

オクラホマ州は、他のすべての州と同様に、一八歳未満の犯罪者は刑事上の責任を負わないとするが、殺人罪その他重大な犯罪で起訴された一六歳または一七歳の少年は成人とみなされると定めている。本件で被告人を〝成人として〟審理するために用いられた特別の手続を除き、一六歳未満のものを〝少年〟として取り扱わないオクラホマ州の法律はない。少年と成人との間の線引きは州によって異なるが、最も重要なのは、すべての州が少年裁判所の管轄権の最高年齢を一六歳とする制定法を有しているという事実である。このような立法は、一五歳の者は成人と同じ責任を負わないというわが法の長い歴史のみならず人類の経験とも一致している。犯行時一六歳未満の者を処刑することは品位の文明的基準（civilized standards of decency）に反するという結論は、英米の伝統を共有する他の諸国および西欧諸国の指導的メンバーによって明らかにされている見解と一致している。

〝死刑は二つの主たる社会的目的、すなわち応報と抑止に役立つとされる。〟われわれは【7】グレッグ判決において、特定の犯罪行為に対する社会の道徳的憤慨の表現としての応報は〝われわれの人間の尊厳に対する配慮と矛盾する〟ことはないと結論した。少年犯罪者のより軽度の有責性、その成長の可能性、および子供に対する社会の受託者的義務（society's fiduciary obligations）に照らし、このような結論は一五歳犯罪者の死刑には全く適用できないのである。

【11】スタンフォード一六歳少年死刑合憲判決（一九八九年六月二六日）

本判決（Stanford v. Kentucky, 492 U.S. 361）は、強盗殺人等の犯行時の年齢が一七歳四月ないし一六歳六月であった各少年被告人への死刑判決を維持した州最高裁判決を争点類似事件として一括審理し、第八修正に違反しないとしたものであるが、後に【14】シモンズ（ロパ）判決によって変更された。

1　本件での争点は、各犯行時少年であった者に対する死刑判決は〝残虐で異常な刑罰〟を禁止する第八修正の範囲内にあるかである。彼らはいずれも、権利の章典が制定された当時死刑が残虐で異常と考えられていたような刑罰に相当するとは主張していないし、そのような主張を裏付けることもできなかった。それ故、本件死刑は〝成熟社会の進歩を示す品位の発展的基準〟に反すると主張するほかなかったのである。当裁判所が〝第八修正に具体化されている禁止を一八世紀に一般に違法とされていた野蛮な方法に限定せず、同修正を流動的かつ動態的方法〟

で解釈してきたというのは正しい。当裁判所はしかし、〝発展は完了した（have envolved）〟かの判断基準として「われわれ自身の品位の感覚ではなく、全体としての現代のアメリカ社会のそれに目を向けてきた」のであり、決定的に重要なのは「アメリカ人の品位の感覚（American conceptions of decency）」であることを強調しておく。

2　「死刑を是認している三七州のうち一五州は一六歳の犯罪者に死刑を科すことを否定し、一二州は一七歳の犯罪者に死刑を科すことを否定している。」このことは、ある刑罰を残虐であるとするのに十分な国民の合意を確証するものではない、われわれは【8】コカ判決において成人女性への強姦に対する死刑を無効とした際に、ジョージア州はそのような刑罰を認めている唯一の法域であることを強調し、【9】エンムンド判決において、共犯者が人の生命を奪った強盗事件への加担を理由とする死刑判決を破棄した際に類似の刑罰を認めているのは八法域にすぎないことを強調した。

死刑を認めている州の大多数は一六歳以上のときに犯された犯罪に対する死刑を是認しているのであるから、本件事案は前述の関連諸判例よりも一九八七年のタイソン判決（Tison v. Arizona, 481 U.S. 137）に類似している。われわれは同判決――人命への関心を全く欠いたまま重罪事件に関与した主犯（major participator）に対し死刑を科す州法を是認――において、死刑維持州の中でそのような状況下での死刑を禁止しているのは一一州にすぎないことを指摘した。タイソン判決におけると同一の結論が本件でも求められているように思われるのである。

【12】ペンリー精神遅滞犯罪者死刑合憲判決（一九八九年六月二六日）

本判決（Penry v. Lynaugh, 492 U.S. 302）は、強姦刺殺事件時の精神年齢が六歳半で軽度の精神遅滞者の死刑判決を品位の発展的基準に反しないとしたものである。【13】アトキンズ判決によって変更されたが、いわば過渡期の判決として紹介しておく。

第八修正は絶対的に（categorically）残虐で異常な刑罰を科すことを禁止し、最小限、権利の章典が採用された当時残虐で異常と考えられた刑罰を禁止している。しかし第八修正の残虐で異常な刑罰の禁止はまた〝成熟社会の進歩を示す品位の発展的基準〟を是認している。ペンリーは、精神遅滞者の処刑に反対する国民的合意の高まりに関する客観的証拠が今日存在しており、これは〝成熟社会の進歩を示す品位の発展的基準〟を反映していると主張する。なるほど一九八八年連邦覚せい剤取締法は精神遅滞者の処刑を禁止しているが、現在のところ一州（ジョージア州）だけが死刑犯罪で有罪と認定された精神遅滞者の処刑を禁止している。われわれの見解によれば、精神遅滞者の処刑を禁止する二州を、死刑を全廃している一四州に付加したとしても、現在での国民の合意を示す十分な証拠を提供したことにはならない。

精神遅滞者の処刑に反対する国民の合意はいつの日か〝成熟社会の進歩を示す品位の発展的基準〟を反映するほどの高まりを見せるかもしれないが、そのような合意の証拠は今日なお十分とはいえない。

【13】アトキンズ精神遅滞犯罪者死刑違憲判決（二〇〇二年六月二〇日）

本判決（Atkins v. Virginia, 536 U.S. 304）は、一三年前の【12】ペンリー判決を正面から変更し、精神遅滞者への死刑は〝残虐で異常な刑罰〟に当たるとしたものである。ペンリー判決当時と異なり、今日では精神遅滞犯罪者への死刑に反対する国民の合意が形成されるに至っているというのであり、未成年者への死刑を違憲と断じた【14】シモンズ判決につながるものとして重要である。

1　刑事責任を科す法律上の要件を満たしている精神遅滞者は、彼らが犯罪を犯したとき、裁判に付され処罰されるべきである。しかしながら、理性、判断、および衝動抑制の部分で障害（disability）を有しているために、彼らは成人の犯罪行為の大半を特徴づけている道徳的有責性のレベルで行動しない。さらに、彼らの能力障害

(impairments) のため、精神遅滞の被告人に対する死刑手続の信頼性と公正さの確保が危うくなるおそれがある。このような理由に基づいて、【12】ペンリー判決以降この一三年間において、アメリカの国民、立法者、学者、および裁判官は精神遅滞犯罪者に対し死刑を科すべきかの問題をめぐり議論を重ねてきた。これらの議論の中に反映しているコンセンサスは、そのような精神遅滞者に対する死刑は連邦憲法第八修正によって禁止されている〝残虐で異常な刑罰〟に当たるかという本件提示の問題への解答を示している。

2　われわれは一九一〇年の【4】ウィームズ判決において、公文書の虚偽記載の罪で投獄し鎖をつけたまま重労働を科す一二年の刑罰は行き過ぎであると判示し、この均衡性の教えを第八修正を解釈したその後の判例の中で繰り返し適用してきた。それ故、〝九〇日間の投獄は、抽象的には残虐でも異常な刑罰でもないとしても、〟〝覚せい剤常習者の身分〟に対する刑罰として科すことはできない。スチュアート裁判官がロビンソン判決において説明したように、〝たとえ一日の投獄であっても、普通の風邪 (a common cold) にすぎないような〝犯罪〟に対しては残虐で異常な刑罰となりうるのである。〟

刑罰が過度であるかは、権利の章典が採用された一六八八年に一般的であった基準でなく、現在の基準によって判断されるべきである。ウォーレン首席裁判官が一九五八年の【5】トロップ判決において説明したように、〝成熟社会の進歩を示す品位の発展的基準からその意味内容を引き出さなければならない〟のである。このような発展的基準の下での罪刑均衡の検討は、〝最大限可能な限り客観的要素〟によってなされるべきである。われわれは【12】ペンリー判決において、〝現代の価値に関する最も明白で最も信頼できる客観的証拠はその国の立法者によって制定された立法である〟ことを指摘し、そのような立法に一部依拠して、【8】コカ判決において成人女子への強姦に対し、あるいは【9】エンムンド判決において人の生命を奪っていないばかりか、その意図すらなかった被告人に対し死刑を科すことは過度の刑罰として認められないと判示したのである。

3　ジョージア州での精神遅滞犯罪者への死刑執行に対する国民の反応があり、その結果、そのような犯罪者への死刑を禁止する最初の州立法が成立したのは明らかである。一四歳の時に精神遅滞者とされたJ・ボーダン(Jerome Bowden)は一九八六年六月、間もなく死刑が執行される予定であった。ジョージア州恩赦パロール委員会は、彼への死刑執行に関する国民の抗議に従って、死刑の執行延期を認めた。州の選定した精神科医はボーダンを診断し、精神遅滞と一致するIQ六五であると判断した。それにもかかわらず同委員会は執行延期を中止し、ボーダンは翌日死刑を執行された。ボーダンは当の犯罪および刑罰の性質を理解しており、したがって、ボーダンの死刑執行は、その精神遅滞にもかかわらず、是認できると同委員会は結論したのである。連邦議会は一九八八年に覚せい剤取締法で連邦死刑法を再導入した立法を制定したとき、精神遅滞者への死刑判決は認められない旨明文で規定した。メリーランド州は一九八九年、類似の禁止規定を制定した。同年に言い渡されたペンリー判決は、これらジョージア、メリーランドの二州を〝すでに死刑を完全に廃止した一四州に付加しても、国民の合意に関する現状での十分な証拠を提供するものではない〟と結論した。

爾来、情勢は大きく変わった(Much has changed since then)。ボーダンの死刑執行およびペンリー判決によって引き起こされた全国的な関心に応じて、全国の各州議会は、この問題に言及し始めた。ニューヨーク州が一九九五年に死刑を復活したとき、精神遅滞者を除外する旨明記した。重要なのは、これらの州の数ではなく、変化方向の一貫性(the consistency of the direction of change)である。

4　精神遅滞は、その客観的定義(clinical definitions)によれば、知性機能が標準以下であるだけでなく、コミュニケーション、自己の世話、自己管理のような適応能力に重大な限界のあることも必要とされる。精神遅滞者はしばしば善悪の区別を知っており、裁判を受ける能力はある。しかしながら、このような欠陥があるため当然彼らは、情報を理解して整理し、経験から学び、論理的な推論に沿って衝動を制御し、他人の反応を理解する能力が減少している。彼らは一般の人よりも犯罪に走りやすいという証拠はない。しかし、彼らは事前の計画に従って行動するというよりもしばしば衝動に基づいて行動し、グループ内においてはリーダというよりは追従者であるという証拠は十分にある。

このような欠陥に照らすと、精神的遅滞者は絶対的に死刑から排除すべきであるとの立法者の判断に一致する二つの理由がある。第一、死刑の正当化理由を精神遅滞犯罪者に適用できるかに重大な疑問がある。グレッグ判決は〝応報と犯罪者予備軍による死刑犯罪の抑止〟を死刑によって果たされている社会的目的であるとした。精神遅滞者に死刑を科しても〝これらの目的の一つまたは二つにさしたる貢献〟をしないのであれば、それは〝無目的かつ不必要な苦痛を与える以外の何ものでもない〟それ故、憲法に反する刑罰であるということになる。

精神遅滞犯罪者への死刑を絶対的に不相当とする第二の正当化理由は、彼らの限定的能力に求められる。〝死刑ほど重くない刑罰を要求できる諸要素があるにもかかわらず死刑を科される〟リスクは、検察側の加重事由に関する証拠に直面した精神遅滞被告人には説得的な減軽事由の立証能力が劣っていることによって高められる。死刑事件においてはとりわけ重い立証責任が検察側に課せられているにもかかわらず、最近かなりの死刑確定者が放免されている（a disturbing number of inmates on death now have been exonerated）という事実は無視できない。これらの放免者の中には、犯してもいない犯罪について無意識のまま自白した少なくとも一人の精神遅滞者が含まれているのである。

われわれは、〝品位の発展的基準〟に照らして第八修正を解釈適用し、そのような刑罰は過度であり、憲法は精神遅滞犯罪者の生命を奪う州の権限に重大な制約を課していると結論する。

【14】シモンズ（ロパ）少年犯罪者死刑違憲判決（二〇〇五年三月一日）

本判決（Roper v. Simmons, 543 U.S. 551）は、住居侵入、誘拐、第一級殺人等の犯行時に一七歳三か月であった少年犯罪者への死刑判決につき、主として【13】アトキンズ判決と対比しつつ、一三年前の【11】スタンフォード判決を正面から変更して、第八修正に違反するとしたものである。

1　本件は過去一五年において二度目のことであるが、死刑事件を犯したとき一五歳以上一八歳未満の少年犯罪者を処刑することは合衆国憲法第八修正および第一四修正の下で許容できるかの問題に言及することを求めている。当裁判所は一九八九年のスタンフォード判決において見解は分かれたが、憲法はこの年齢層の少年犯罪者に対する極刑を禁止しているとの主張を退けた。われわれは、この問題を再検討する。

2　当裁判所はスタンフォード判決において四人の裁判官の反対意見にもかかわらず、この国における品位の現代的基準に言及し、第八修正および第一四修正は一六歳以上一八歳未満の少年犯罪者の処刑を禁止していないと結論した。三七の死刑存置州のうち二二州は一六歳の犯罪者に対する死刑を認め、そしてこの三七州のうち二五州は一七歳の犯罪者に対する死刑を認めている、これらの数字は〝特定の刑罰を残虐で異常な刑罰として分類するに足りる〟国民的合意のないことを示しているというのである。

当裁判所はスタンフォード判決と同じ日に言い渡した【12】ペンリー判決において、第八修正は精神遅滞犯罪者に対する死刑の絶対的免除を命じていないと判示した。この問題は三開廷期前のアトキンズ判決において再検討され、われわれは、品位の基準はペンリー判決以降さらに発展しており、今日では精神遅滞者の処刑は残虐で異常な刑罰であると判示した。精神遅滞者の処刑に関する制定法および州の実務において示されている客観的な社会的基準の指標を指摘し、これらの指標によると、精神遅滞者への死刑は〝まさに異常〟であり、国民的合意はそれに反対する地点まで発展を遂げていると判示したのである。

3　少年犯罪者の死刑に反対する国民的合意を示す証拠は、精神遅滞犯罪者への死刑に反対する国民的合意を示すに十分であるとしてアトキンズ判決で示された証拠と類似し、一部それと同一（parallel）である。確かにアトキンズ判決と本判決との間には、少なくとも一つの相違がある。アトキンズ判決で印象的だったのは、精神遅滞者への死刑廃止の速度（the rate）であった。アトキンズ判決が指摘したように、〝重要なのはこれらの州の数ではなく、変化方向の一貫性である。〟スタンフォード判決以降、新たに少年への死刑を復活した州はない。この事実は、少年犯罪者への死刑の廃止傾向とともに、反犯罪立法の一般的人気および近年における少年犯罪に対する取締り強化の著しい傾向に照らすと、強い説得力（special force）を有する。死刑廃止の速度に関する本件とアトキンズ判決との相違は、それ故、変化方向の一貫性によって相殺される。

言葉の絶対的意味において疑う余地なく耐え難い（severe）犯罪があるが、そのような犯罪に対してであっても死刑を科すことはできない。例えば、一九七七年の【8】コカ判決（成人女性に対する強姦）、一九八二年の【9】エンムンド判決（被告人が殺害せず、殺害の実行も殺害の意図もなかった場合の重罪殺人）を見よ。死刑は、一六歳未満の少年、心神喪失者（insane）、そして精神遅滞者のようなある種の犯罪者には、その犯罪がどれほど凶悪であったとしても科すことはできないのである。

一八歳の線引きはもちろん、絶対的なルールは常に異議申立てを受ける。しかし、線引きはされなければならない。【10】トンプソン判決での多数意見は、一六歳でこの線を引いた。それ以降現在までに一六歳未満の少年は処刑できないとの結論は争われていない。トンプソン判決の論理は一八歳未満の者にも及ぶ。死刑を科しうる年齢（death eligibility）の線はこの点に引かれるべきである。

4　死刑は一八歳未満の犯罪者に対しては不均衡な刑罰であるとの判断は、合衆国が少年犯罪者への死刑を世界で唯一公式に是認している国であるという紛れもない事実によって追認（confirmation）される。この現実は支配的でない、第八修正を解釈するのは依然われわれの仕事であるからである。当裁判所は、しかし、少なくとも【5】トロップ判決以降、第八修正の〝残虐で異常な刑罰〟の禁止の解釈に役立つとして他国の法律や国際的権威に言及してきた。〝世界の文明諸国は犯罪への刑罰として国籍剥奪は科せられるべきでないということで事実上一致している〟（トロップ判決の多数意見）。また【13】アトキンズ判決は〝世界の共同社会の中で精神遅滞者によって犯された犯罪に死刑を科すことは圧倒的に是認されていない〟ことを認め、【10】トンプソン判決の多数意見は〝英米の伝統をともにする他の諸国および西欧社会の指導的メンバーによる〟少年死刑の廃止を指摘し、〝われわれは従前からある刑罰が残虐で異常であるかを判断する際における国際社会の見解の関連性を認めてきた〟と指摘している。また【9】エンムンド判決は〝重罪殺人の原理はイギリスおよびインドで廃止され、カナダやその他の英連邦諸国において厳しく制限され、西欧社会において知られていない〟ことを指摘し、【8】コカ判決の多数意見は〝一九六五年に調査された世界の主要な六〇か国の中でわずか三か国だけが死亡が伴っていない強姦罪に対する死刑を保持している〟と指摘している

合衆国とソマリアを除くすべての国が批准した子供の権利に関する国連規約の第三七条は、一八歳未満の少年によって犯された犯罪への死刑に関する明示の禁止を含んでいる。いかなる批准国も少年犯罪者への死刑を禁止する条項を留保しなかった。同一の禁止規定は他の重要な国際規約の中に含まれている。一九九〇年以降、合衆国以外では、イラン、パキスタン、サウジアラビア、イェーメン、ニカラグア、コンゴ民主共和国、および中国の七か国だけが少年犯罪者を処刑してきた。これら各国はそれ以降いずれも、少年に対する極刑を廃止するか、あるいは公式にその実務を否定している。要するに、合衆国は今日、世界中で唯一少年に対する死刑に反対しなかった国として際立っているのである。

時代を越えて、一つの世代から次の世代まで、憲法は大いに尊重され、そしてマディソン（Madison）がおそらく

期待したように、アメリカ国民の尊敬（the veneration）を獲得するに至った。われわれが憲法を尊重する少なからざる理由は、憲法はわれわれ自身のものであることを知っているからである。ある種の基本的権利が他の国家および国民によって明示に支持されていることを指摘するのは、われわれ自身の自由の伝統の内部にこれらと同一の権利があることを強調するにすぎず、われわれの憲法に対する忠誠心や当初の憲法への誇りを減じることにはならない。

【15】ケネディ児童強姦死刑違憲判決（二〇〇八年六月二五日）

本判決（Kennedy v. Louisiana, 554 U.S. 407）は、妻の連れ子（事件当時八歳）に対する加重強姦の罪で陪審の全員一致による評決で死刑が言い渡された事案につき、第8修正違反を認めたものである。

1　第一四修正を介して州に適用される第八修正は、〝過大な額の保釈金を要求し、または過重な罰金を科してはならない。また残虐で異常な刑罰を科してはならない〟と規定する。第八修正は、残虐で異常な刑罰と同様に、すべての過重な刑罰を禁止する。この要件が満たされているかどうかの判断は、第八修正が採用された一七九一年に広く行われていた基準によってではなく、現在広く行われている基準によって判断される。第八修正は〝成熟社会の進歩を示す品位の発展的基準からその意味を引き出す〟のである。【5】トロップ判決一〇一頁。その基準自体は同一であるが、その適用可能性は社会の根本的な道徳的慣習（the basic mores）が変化するに連れて変化しなければならない。【6】ファーマン判決三八二頁。

われわれは【14】ロパ判決および【13】アトキンズ判決において、未成年者や精神遅滞者の処刑は第八修正に違反すると判示した。当裁判所はさらに、当該犯罪が被害者の死をもたらさずその意図もなかった場合に死刑は不均衡であると判示した。例えば、【8】コカ判決において、成人女性を強姦した犯罪者を処刑するのは違憲であると判示し、そして【9】エンムンド判決において、殺人が行われた強盗時に現場幇助（aided and abetted）をしたにすぎない被告人の死刑判決を破棄した。国民的合意およびわれわれの独立した判断に基づいて、強姦をしたが子供を殺害しなかった者、そして子供の殺害を援助する意図のなかった者に対する死刑判決は、第八修正および第一四修正の下で違憲であるというのがわれわれの判示である。

2　死刑適用可能な犯罪とするのに反対する客観的な合意の徴憑の存在は、【15】ロパ、【14】アトキンズ、【8】コカ、および【9】エンムンド判決における重要な関心事であったのであるから、われわれも本件でこれら判決のアプローチに従う。

子供への強姦犯に対し死刑を科すことに関する国民的合意（national consensus）の証拠は、未成年者、精神遅滞者、および代理の重罪犯罪者（vicarious felony murderers）に関するのと同様、見解が分かれているが、すべてを考慮すると、結局それに反対する国民的合意があると結論する。

3　**A**　残虐で異常な刑罰を禁止する憲法の規定は、〝文明化された基準の限界内で〟州の処罰権限が行使されることを命じている。成熟社会の進歩を示す品位の発展的基準は、死刑の拡大を認めるよう第八修正を解釈する前に最もためらうべきことをわれわれに忠告しており、そのためらいは犯罪の遂行時に生命が奪われなかった場合に特別な説得力を有する。品位は、その本質において、個人に対する敬意を、それ故、死刑の適用に際して節度ないし抑制を推定（presume）しているということは確立した原理である。被上告人のアプローチの下では、死刑を認める三六州は一二歳未満の子供の強姦で有罪とされたすべての者に死刑を言い渡すことができる。これは、われわれの品位の発展的基準および死刑の使用を抑制する必要性と調和できないアプローチである。

B　われわれの判断は、死刑を可能にしている法域の判例とも一致する。死刑は当該犯罪との均衡がおよそとれていない（grossly out of proportion）とき、または死刑によって果たされる二つの社会的目的すなわち応報と死刑犯罪の抑止を達成しないとき、死刑は加重であることを【7】グレッグ判決は教えている。

以上を要するに、われわれの独立した判断において、死刑は子供の強姦犯に対する均衡のとれた刑罰ではないとの結論に至ったのである。

4　子供への強姦犯に対する死刑に反対する合意があるというわれわれの判断は、当裁判所自身の制度上の立場およびその判示は刑罰に賛成する今後のコンセンサスの発展を妨げる効果を有するかの問題を提起する。死刑の合憲性に言及することにより合意を形成する過程に当裁判所は介入（intrude）していると批判されている。否定的な抑制を科すことによって、コンセンサスが変化ないし浮上することをより困難にしているというのである。

これらの懸念は、第八修正は〝成熟社会の進歩を示す品位の発展的基準〟によって定義されるという確立した前提の意味およびその全体の本質を看過している。繰り返し当裁判所によって一貫して確認されているように、死刑の利用は制約されることをこの原理は要求している。全面的な発展と成熟の過程において（on the way to full progress and mature judgment）特別な目標（marks）をもつ品位の発展的基準は、刑罰（死刑）への依拠は最悪の犯罪に留保されなければならないことを意味している。ほとんどの事案において、犯人を（刑務所に）拘束して彼の犯罪の重大性を彼に理解させる可能性を保持することなく、他人の生命を断つことによって正義はよりよく達成されることにはならないのである。

第三章　処刑方法の変遷

死刑の合憲性が確立していても、処刑方法は各州で異なるため、それらの合憲性が別途問題となる。しかし、この問題に関して最高裁が直接判断した先例は二〇一五年のグロシップ判決を含めても五件にすぎない。致死ガスや電気処刑について最高裁が上告受理の申立てを認めなかったグレイ判決など三件に関していずれも詳細な反対意見が付されており、ワシントン州最高裁キャンベル判決およびネブラスカ州最高裁マータ判決をあわせ読むと極めて有益である。

以下、すでに紹介した先例三件とりわけフランシス判決について若干補足した後、関連判例での反対意見を中心にその内容を紹介しておく。致死薬物注射に関するベイズ、グロシップ両判決については節を改めて詳論する。

第一節　先　例

合衆国最高裁は一八七九年の【1】ウィルカーソン判決において、初めて〝残虐で異常な刑罰〟に言及し、「拷問その他、不必要で残酷な刑罰」は憲法上禁止されていることを確認すれば足りるとした。さらに【2】ケムラー判決は、右判示を引照しつつ、「残虐という言葉は非人道的で野蛮なものを意味している」とした上で、死刑自体は残虐でないとした。そして電気椅子による処刑失敗後の再度の執行命令を有効とした一九四七年の【4】フランシス判決でのバートン反対意見もその合憲性を前提にしているが、後の議論にもつながる重要な指摘であるので改めて判文とともにやや詳しく紹介しておく。

ルイジアナ州の有色市民であったフランシス（X）は一九四五年九月一日、謀殺罪で有罪とされ、電気椅子による死刑を言い渡された。Xは一九四六年五月三日、適法な死刑執行命令書に従って、証人の立会いの下で、ルイジアナ州の正式な電気椅子に座らされた。執行官はスイッチを押したが、何らかの機械の故障が原因でXは死亡するに至らなかった。Xは直ちに電気椅子から移動させられ、刑務所に戻された。その後、ルイジアナ州知事によって処刑日を同年五月九日とする死刑執行命令書が改めて発付された。州の最高裁に対し執行禁止命令の申立てがなされ、死刑の執行は延期された。Xは、本件状況下での処刑は第五修正の二重の危険、および第八修正の残虐で異常な刑罰に違反するとの理由で、第一四修正のデュー・プロセス条項の保護を主張した。ルイジアナ州最高裁は、司法審査を求める根拠がないことを理由にXの申立てを退け、州法にも連邦法にも違反しないと結論した。

合衆国最高裁は、「予想できなかった事故のため宣告刑が即座に完了できなかったという事実は、その後の処刑に残虐性の要素を付加するものではない」としてこれを維持した。

【バートン裁判官の反対意見】（ダグラスほか三裁判官同調）　本件での手続が違憲であるかを判断する際に、合法的な電気処刑と本件とを比較しなければならない、対照的なのは、即死と分割による死亡（death by installments）との違いである。電気処刑は瞬時のものであれば、デュー・プロセスと一致して科すことができる。ルイジアナ州最高裁は、その制定法で定められた方法による電気処刑は絞首刑よりも人道的であると判示している。考慮すべき重要な問題は、処刑は瞬時で事実上苦痛がなく、可能な限り、死自体と等しいものでなければならないということである。(Francis v. Resweber, 329 U.S. 459, 474.)

電気処刑を是認するニューヨーク州法が残虐で異常な刑罰に当たることを理由に第一四修正のデュー・プロセス条項に違反するとして攻撃された【2】ケムラー判決において、このようなことが強調された。当裁判所は同法を支持した際に、電気は即死を引き起こすとされている事実を強調した。人道的とされたのは〝即時〟かつ〝苦痛のない〟死がもたらされるからである。州の公務員が故意かつ意図的にフランシス（X）を五度電気椅子に座らせて、その度毎に、最後の時までXを殺害するに足りる電気を使用しなかったとすれば、そのような拷問まがいの方法は死刑台での火炙りに匹敵しよう。本件での最初の失敗は意図されたものではなかったが、電気の再使用は意図的である。州の公務員には失敗がないことを確認する制定法上の義務があった。本件記録によれば、Xが電気椅子に座らされ、目に覆いをかけられ、次いで死刑執行人がスイッチを押したところ、Xがあえぎ出し、身もだえなどしたため椅子が大きく揺れた。Xが外してくれと言ったため、顔からフードが取り外され、スイッチがオフに切り替えられたことに間違いはない。

本件をルイジアナ州最高裁に差し戻すのは、フランシスには完全に釈放される権利があるという意味でない。そして当の刑罰が合衆国憲法の下でデュー・プロセス違反に相当するというのであれば、州は憲法に違反しないで本件を処理する何らかの方法を見い出さなければならないことを意味するにとどまる。

第二節　関連判例

このように合衆国最高裁は、州法の規定する電気椅子による処刑方法の合憲性を肯定し、その後も電気椅子や致死ガスによる処刑方法の再検討を求める主張を退けてきたが、今日では致死薬物による処刑方法がアメリカの全法域で行われている。ベイズ判決に至る処刑方法の変遷を跡付けるものとしても有用であるにもかかわらずわが国ではほとんど知られていない。とりあえずグレイ、グラス両判決およびゴメス判決での各反対意見を紹介しておく。

【16】グレイ致死ガス処刑上告受理却下マーシャル反対意見（一九八三年九月一日）

本判決（Gray v. Lucas, 463 U.S. 1237）は、一九八三年九月二日に予定されていたシアン化ガスによる処刑執行延期の申請に関する上告受理の申立てが退けられた事案であるが、詳細なマーシャル反対意見が付されており、問題点を正確に把握する上でも有益である。

【マーシャル裁判官の反対意見】（ブレナン裁判官同調）　グレイは、ミシシッピー州の処刑方法は残虐で異常な刑罰に相当すると主張し、その裏付けとして多くの宣誓供述書を提出した。例えば、ジョンズ・ホプキンズ大学医学部麻酔科のR・トレイツマン博士は〝シアン化ガスに被爆した人は次第に酸欠状態になる、シアン化ガスが処刑室に放出された後、低酸素状態は数分間続く。このガスに被爆した人は、吸引したガスの量にもよるが、数分間意識があり、その間、苦痛と激しい苦悶（anxiety）を経験することは疑いない。その感覚は心臓発作中に感じられる苦痛と類似する〟と述べている。

私見によれば、もし致死ガスによる処刑の方法がこのように作用するのであれば、それは〝現在の判例の基準〟の下で〝残虐〟でないと決定した点において控訴裁判所は明らかに誤っている。第八修正は〝成熟社会の進歩を示す品位の発展的基準〟に矛盾する刑罰を禁止している。これらの基準との同一性確認（identification）は時には難しいが、古くからの二つの原理に争いはない。第一、〝刑罰は拷問または長びかせる死にかかわる時そのような刑罰は残虐である。〟第二、刑罰は、〝不必要でいわれなき苦痛〟にかかわる時そのような刑罰は残虐である。

もし裁判所が適切な法的基準を適用する努力をしておれば、本件での致死ガスによる処刑を違憲であると認定していたであろうことは極めてありそうである。裁判所が認めたように、一〇分から一二分間に及ぶ極度の苦痛に関わるような死は間違いなく〝長びかせた〟ものとして特徴付けられなければならない。そしてグレイは、シアン化ガスほどの肉体的苦痛をもたらさずに容易に利用可能な少なくとも一つの死刑の執行方法に裁判所の注意を喚起させたのである。すなわち、致死ガスの処刑方法は〝不必要に残虐〟であるということに争いはないように思われる。

当裁判所はしばしば、一定の刑罰の憲法上の地位の評価は〝最大限可能な客観的要素〟によってなされなければならないと判示してきた。これらの要素の中で最も重要なのが、現在の〝立法判断〟の動向である。一九七一年と一九七九年の間にいくつかの州は制定法によって致死ガス方式を採用した。絞首台または電気椅子が放棄されたのは人道的動機による。すなわち、致死ガスによる窒息は死刑を執行する方法として絞首刑や電気処刑より苦痛が少なくより人道的であると考えられたからである。しかし、致死ガス方式に結び付けられたトラウマが次第に認識され、かつ致死薬物注射方式がより一般に知られるようになるにつれ、このような傾向は逆転した。今では死刑制度を維持している三九法域の中で七法域だけがガス室の利用を要求している。このような致死ガス方式の強制的利用に反対する発展的合意は、この方式は今では〝残虐〟と考えられなければならないという結論を裏付けているのである。

【17】グラス電気処刑上告受理却下ブレナン反対意見（一九八五年四月二九日）

本反対意見（Glass v. Louisiana, 471 U.S. 1080 (Brennan J. dissenting from denial of certiorari)）（マーシャル裁判官同調）は、電気椅子による死刑判決に対する上告受理の申立てを容れなかったことに対する一五頁にも及ぶ長文のものであるが、電気処刑の実態を詳細に述べており、後に詳論するキャンベル判決につながるものとしても重要である。

1　犯罪者を殺害する方法としての電気処刑は一八八八年にニューヨークの立法府によって初めて是認された、それは死刑判決を効果的に執行するのに現代の科学で知られている〝最も人道的で実際的な方法〟を確認する長い調査の結果として認められたものであった。当裁判所は【2】ケムラー判決において、ニューヨーク州法への憲法上の攻撃を退けた際に「第八修正は州に適用されないことを理由に、州憲法の下で行為の有効性を支持する州裁判所の判断は再吟味できない」ことを強調した。当裁判所はまた傍論において、特定の処刑方法の合憲性は権利の章典が採用された当時の規範に言及して決定されるべきであることを示唆しつつ、残虐で異常な刑罰条項の〝歴史的〟解釈に従ったのである。

州裁判所および連邦裁判所は、電気処刑は憲法に違反しない生命剥奪の方法であることを決定的に解決したものとしてケムラー判決を繰り返し引用している。しかし、ケムラー判決は古臭い判例（antiquated authority）である。第八修正は第一四修正を介して州に適用されることは今では十分に確立している。さらに当裁判所は早くからケムラー判決の〝歴史的〟解釈を退け、同条項の禁止はスチュアート王朝によって科せられたような刑罰に限定されないことを強調している。時代は変化をもたらし新しい状況や目的を産み出す、その意味は〝成熟社会の進歩を示す品位の発展的基準からその意味を引き出さなければならない〟というのである。

確かに刑罰の相当な方法に関する立法府の判断は十分に尊重される資格がある。しかし、他のすべての憲法上の保障と同様、立法府の判断だけが第八修正の判断基準でありえないのは明らかである。憲法は結局のところ、〝最大限可能な範囲で客観的要素に〟よって導かれたわれわれの判断が重要であると考えているからである。

では、その客観的要素とは何か？　第一に最も重要なのは、第八修正は〝不必要でいわれのない苦痛を与えること〟を禁止していることである。当裁判所は、個人の生命を消滅させるのに最小限必要であることを越えた苦痛を科すことを介しての抑止または応報の観念が正当化理由として役立つという見解を受け入れたことは一度もない。それ故、生きたままの腸抜き（disemboweling）、四つ裂き刑、生きたままの火刑、磔刑、車裂き刑のような古代の処刑方法の違憲性を説明する際に当裁判所は、〝単なる生命の消滅〟を越え〝拷問や長引かせる死〟を招く〝非人間的で野蛮〟な処刑方法を第八修正は禁止していることを強調してきたのである。

2　電気処刑の実際は広く知られていないが、処刑は非公開で行われ、証人はほとんどいない、写真は許されない。電気による処刑は極めて暴力的であり〝単なる生命の消滅〟をはるかに越えた苦痛と侮辱（indignities）を与えることを示している相当数の経験的証拠や目撃証言がある。目撃証人は一様に次のような報告をしている。スイッチが入ると、死刑囚は〝縮こまり〟〝跳びはね〟そして驚くほどの力でひも（ストラップ）に抵抗する、死刑囚の手足の指、そして顔は激しくゆがむ。電流は極めて強力であるので死刑囚の眼球が飛び出し、ほほの上に落ちることもある。死刑囚は度々脱糞し、尿をもらし、血を吐き、よだれを流す。電気が上昇するにつれて死刑囚の〝肉体は膨張し、彼の皮膚は破れんばかりに伸びる。〟証人は〝ベーコンを焼くような大きく持続した音を耳にする〟、そして〝吐き気を催させる肉体を焼くきな臭い〟匂いが処刑室に充満する。人間の肉体をフライにする臭いは立会するプレスの代表者であっても時には吐き気を催させるのに十分である。その間、死刑囚はほとんど文字通りボイルにされている。〝頭部自体の温度は水の沸騰点に近付く。〟死体は激しく焼け焦げて原型をとどめていない（disfigured）というのである。

電流を流して死刑囚を殺害する暴力は、これらの状況下での死亡は瞬時かつ苦痛がないとの前提によってしばしば説明されている。しかしながら、このような前提は〝重大な疑問を免れない〟のであり〝専門家意見で激しく争われている事柄〟である。有名なフランスの電気科学者ロータ（Rota）は詳細な研究の後で〝電気処刑のすべての事案において死亡は不可避的に付随するが、それは極めて長くかつとりわけ耐え難い苦痛を伴う〟と結論している。

何度も電気処刑が繰り返された著名な例としてルイジアナ州での【4】W・フランシスの処刑例がある。保安官は、この何度も失敗した電気処刑につき次のように記述している。すなわち、執行官がスイッチを押すとフランシスの口唇はふくれあがり、うめき声をあげてとび上がったので椅子が床から外れた。二回目のスイッチが入れられた、そして死刑囚は〝外してくれ〟と言った。また他の目撃証人によると、執行官はフランシスから目隠しをとり、ベルトをゆるめ、改めてスイッチを入れたという。このような〝分割による死刑〟は決して過去の数十年間に限定されたものでない。例えば一九八三年四月二二日に執行されたアラバマ州のJ・エヴァンスについての一人の証人の記述が残されている。このエヴァンスの処刑は一四分間かかった。そして同様なことは昨年（一九八三年）に電気処刑されたジョージア州の死刑囚の場合にも生じていたという。

このような証拠は、もし正しければ、いくつかの点で電気椅子による処刑は第八修正に違反するかに関し重要な問題を提起している。第一、電気処刑は〝不必要でいわれなき苦痛〟を科すものであり、少なくともかなりの事案において〝拷問または長びかせた死〟をもたらすことは明らかである。第二、このような処刑方法に伴う物理的暴力は基本的な〝人間の尊厳〟に違反する。このような電気処刑の特徴は〝この処刑方法に内在〟しそれ自体残虐で異常なものであり、それ故、第八修正によって禁止されているように思われる。さらに、医学の専門家等は、より迅速に、より暴力的でなく、かつより人道的な方法によって死刑囚の生命を消滅させる目的を達成できると主張してきた。いくつかの州の立法府は、まさにこのような理由に基づいて致死薬物注射に賛成して電気処刑を放棄している。このような処刑方法の変化は、電気椅子は〝野蛮な拷問装置〟であり、電気処刑は身の毛もよだつ儀式であるという認識の結果である。

【18】ゴメス致死ガス処刑執行停止命令無効判決（一九九二年四月二一日）

本判決（Gomez v. United States Dist. Court for Nothern Dist.of Cal. 503 U.S. 653, 654）は、本件での濫用的な申立てによる遅延（abusive delay）を正当化する理由はないとして、第九巡回区合衆国控訴裁判所によるグレイの処刑停止命令を無効としたものである。これに対する反対意見の要旨は、およそ次のとおりである。

【スティヴンズ裁判官の反対意見】（ブラックマン裁判官同調）　カリフォルニア州法のシアン化ガスによる処刑によって加えられる激しく不必要な苦痛およびそれより人道的で暴力的でない処刑方法の利用可能性に照らし、申立人の主張には理由（merit）がある。

争いのない多くの専門家証言は、シアン化ガスによる処刑は極度の不必要な苦痛があることを示している。例えば、一九九二年四月六日にアリゾナ州はドン・ハーディンクを処刑した。そのときのシアン化ガスによる処刑の目撃者の記述は、このような臨床所見をさらに明らかにしている。「このような処刑方法が不必要に残虐であるためアリゾナ州の法務長官（Attorney General）は、致死薬注射による処刑に賛成して致死ガスによる処刑を州は放棄すべきであることを確信するに至ったのである。」

一九七六年の【7】グレッグ判決以降、新しい処刑方法を採用した二〇ほどの州の中で一州といえども致死ガスによる処刑を選択した州はない。一〇年前に一〇州は致死ガスによる処刑を命じた、一州そしてまた一州と次第にこれらの州は、非人道的かつ拷問的であるとしてかかる方法を放棄した。われわれはしばしば〝現代の価値に関する最も明白で最も信頼できる客観的証拠はその国の立法府によって制定された立法である〟ことを強調してきた。致死ガスによる処刑への国民の態度を反映する客観的指標は明らかに、ほとんど普遍的にかかる処刑方法に関する拒絶反応を示している。シアン化ガスによる処刑は〝成熟社会の進歩を示す品位の発展的基準〟に矛盾しているのである。

このようにアメリカでは一八八五年（明治一八年）に州知事の要請を受けて処刑方法を絞首刑から電気椅子による処刑に変更したニューヨーク州議会を皮切りに、徐徐により苦痛の少ない執行方法に切り換えられて致死薬物注射による執行方法が一般的となったため、今では絞首刑のみを維持している法域はない。さらに興味深いのは、米国唯一のメーカーであるイリノイ州の製薬会社ホスピラが「チオペンタールナトリウム」の製造から撤退するとの報道である。同社は国内でのチオペンタールの製造を中止し、イタリアの工場に製造拠点を移そうとしたが死刑を廃止しているイタリア当局が死刑執行で使われないことを条件にしていたため、医療現場で需要が落ちていることもあり、同社は製造を断念することにしたというのである（二〇一一年一月二四日付朝日新聞夕刊）。

第三節　州最高裁ニ判決

絞首刑は憲法の禁止する「残虐で異常な刑罰」であるかにつき直接判示し合衆国最高裁判例は見当たらないが、ワシントン州とネブラスカ州の各最高裁判決は極めて有益である。以下、事実関係を含め、順次詳しく紹介しておく。

一　ワシントン州第九巡回区キャンベル判決（一九九四年二月八日）

本判決（Campbell v. Wood, 18 F.3d 662）は、六対五の地裁判決を受けて控訴審（第九巡回区）で係属中の死刑執行停止を無効としたものである。前述のように、パチンコ店放火殺人事件で検察官は「アメリカ合衆国ワシントン州においては絞首が死刑執行方法として規定されているということは、アメリカにおいても絞首が合衆国憲法第八修正が禁止する〝残虐で異常な刑罰〟に該当しないとされていることの証左である」と主張していただけに、第九巡回区の多数意見と少数意見を対比しつつ、この問題点を明らかにすることはわれわれにとっても重要な意義を有する。上告受理却下に対する【19】ブラックマン裁判官の反対意見とともに詳論することにした次第である。

1　われわれはキャンベル（X）の有罪の手続的および事実的背景、そして有罪確定後の救済に対する彼の現在および従前の申立ての概要から始める。

A　ワシントン州最高裁はXの有罪および量刑を維持し、Xは加重殺人の三訴因で有罪とされ死刑を言い渡された。S郡上級裁判所は、Xの処刑を一九八五年三月二九日とする死刑執行命令書（death warrant）を発した。ワシントン州最高裁は、Xの処刑を停止し、上告受理令状のための合衆国最高裁での申請を認めた。最高裁は上告受理の申立てを退けた。

Xの処刑を一九八五年七月二五日と定める第二回目の執行命令書が一九八五年五月一七日に発せられた。Xは再びワシントン州最高裁に執行停止を申し立てた。（中略）Xは一九九一年九月一八日、彼の第三回目の人身保護の申請を地方裁判所にした。同地裁は一九九二年三月九日、この申請を重複的（successive）であり、同令状の乱用であるとして却下した。

B　キャンベル（X）は一九七四年、ワシントン州甲郡の住宅でR・ウィックランド（A）を攻撃し、ソドミー行為（sodomized）をした。Xは当時一歳のAの娘（B）の喉もとにナイフを突き付け、AがXの要求に応じなければ彼女に危害を加えると脅した。攻撃後、Aは助けを求めて隣のCの家に駆け付けた。Xは一九七六年、本件攻撃およびソドミーの嫌疑で審理され有罪とされた。AとCの両者は公判で証言し、Xは拘禁刑を言い渡された。Xは一九八二年三月、ワシントン州エヴァレットでの解放施設での労働（a work release facility）のために刑務所から同施設に移された。

一九八二年四月一四日、A、B（当時八歳）およびCはAの家で惨殺されているのが発見された。Aはその日は病気で一日中家にいた、そしてCは彼女の手助けをするためにAの家にいた。公判での証拠によれば、Aは最初の犠牲者であった。彼女は寝室の床で全裸で発見された。彼女は首、背中、そして胸の上部を鈍器で殴打されていた。彼女のあごと鼻は折れて彼女は絞殺されていた。彼女の背中に七インチの傷があり、それが死因で彼女は出血死した。彼女の死後、鈍器で膣部を攻撃され膣部の中に一インチの傷が残っていた。Aの娘Bもまた絞殺されていた、そして彼女の首の上部に七・五インチの傷があり、彼女は多量に出血しており、血液サンプルの入手は困難であった。Cはのどを切り裂かれていた。彼女は大量出血で死亡した。

Xは加重第一級殺人の三訴因で起訴され審理された。ワシントン州最高裁は有罪判決を維持する際に、検察側証拠は圧倒的に強力であると指摘した。何人かの証人は、本件殺人事件の当日午後、Aの住居の近くで男を見かけた、そして法廷にいる男は彼らが見た男性と同一人物であると証言した。他の証人は、Xの車の特徴に一致した車を一九八二年四月一四日、Aの住居近くの森林の入口で駐車しているのを見たと証言した。Xの知人Dは、Xが四月一四日朝、彼女を訪問したこと、Xは飲み続け彼女の家で六パックのビールを飲んだと証言した。もう一人のXの知人Kは、Xが四月一四日午後に彼女を訪問したと証言した。同人はXが彼女に性的関係を迫り彼女の衣類を引っ張るなどしたが、彼女を傷つけなかったと証言した。A宅の台所で発見されたグラスにはXの指紋と一致する指紋が付着していた。

陪審は一九八二年一一月二六日、Xを有罪と認めた。陪審はまた四つの加重要素すなわち、⑴Xは本件犯罪で拘禁刑を受けていた、⑵A、CはXに不利な以前の証人であり、彼らの殺害は公判での彼らの証人としての義務の行使に関係があった、⑶Xは自己を保護するためまたは自己の身許を隠すためにA、Bを殺害した、⑷Xは第一級の不法住居侵入（burglary）の犯罪の過程で、それを促進するためにまたは直ちに逃走するために、本件殺害を犯したと認めた。別途の手続において陪審は、情状酌量（leniency）を認める減刑事由は不十分であると認め、Xは死刑を言い渡された。

C　これに対しXは、陪審選任時の彼の出席放棄は憲法上の権利侵害であり効果的弁護を受けなかったことに相当するなど八点もの問題点を挙げて控訴した。いずれもすべて否定されたが、その中で最も重要な問題が「絞首による死刑は第八修正に違反するか」であった。

2　キャンベル（X）はワシントン州死刑制定法下での絞首刑の合憲性に挑戦する。同法は「死刑の執行は、絞首、または被告人の選択により致死薬物注射による」と定める。Xはワシントン州法の中で記述されている裁判所の命令による絞首に対し、以下の三点を主張する、

(1)　絞首刑は残虐で異常な刑罰であることを理由に、それ自体第八修正に違反する、

(2)　死刑囚（condemned）は、自ら致死薬物注射を選択しない限り、絞首刑に処せられるという規定は残虐で異常な刑罰である、そして

(3)　致死薬物注射を選択しない限り、死刑囚は絞首刑に処せられるとの指示は、絞首刑を回避するために自己自身の処刑に関与することを彼に強制することによって、Xの第一修正の自由な権利行使に違反するというのである。

A　裁判所の権限の行使は争いある（controversies）事案に限定される。もし争いが仮定的であるとか観念的（moot）なものであれば、その争いは裁判所で解決できない（not justiciable）。検察側は、Xには処刑方法を選ぶ能力を有していたのであるから、本件争いは観念的でありXの主張は裁判で解決できないと主張する。

致死薬物注射を選択するXの能力への焦点は見当違い（misplaced）である。Xは致死薬注射を選択することができたにもかかわらず、そのようにしなかったのである。検察側が口頭弁論で認めていたように、Xは一貫して選択

ものでない。われわれは、裁判所による命令である絞首刑はほとんどの州がその慣行を継続していないとの理由だけで品位の発展的基準に合致していないと結論できない。

われわれは、単に死をもたらす又は死に伴う若干の苦痛がありうるとの理由だけで絞首刑が残虐で異常であるとは考えない。〝刑罰は拷問や長びかせる〟死を伴うときその刑罰は残虐である。【2】ケムラー判決四四七頁。憲法で用いられている〝残虐〟とは非人道的で野蛮である何か、単に生命の消滅以外の何かを意味する。〝憲法がそれを禁止し有罪者に保護しているのは処罰の方法に内在する残虐であって、生命を人道的に（humanely）消滅させるために採用されたいかなる方法にも含まれる当然の苦しみ（suffering）ではない。〟【4】レスベーガ（フランシス）判決四六四頁。Xには単に〝不必要でいわれなき苦痛〟から自由な処刑を受ける資格があるにすぎない。【7】グレッグ判決一七三頁。

Xは彼が有罪とされた刑罰は不均衡であると主張していない。それ故、本件焦点は処刑方法が不必要でいわれなき苦痛を含んでいるかである。われわれは、本件処刑方法にはそのような苦痛を含んでいないと判示する。

⑵　絞首による死亡は、首にまかれた紐（a ligature）が身体の重みで締まるときに生ずる。病理学者は四種類の絞首を区別する。すなわち、事故、自殺、殺人および裁判所の命令によるものである。自殺は絞首の大半の原因であるが、それらは裁判所の命令による絞首刑において用いられているのと同一の方法を一般的に用いていない。ワシントン州は、戦場訓令（Field Instruction）に従った裁判所の命令による絞首を実行する。詳細な方法を定めたこの戦場訓令は、軍事執行（Military Execution）のための手続である合衆国陸軍規則に由来する。

地方裁判所は、何人かの病理学者等および絞首による処刑の知識を有する証人の生の証言や証言録取書を聞いた。絞首刑での無意識および死に至るメカニズムを含むいくつかの争点がその焦点であった。種々のメカニズムの中でどれが絞首刑時に無意識と死をもたらすかについて正確に予測する方法はないけれども、無意識が急速でかつ死が比較的に苦痛のない可能性を増加させる方法はある。その中でもとくに重要なものは落下（drop）の長さである。

ワシントン州は戦場訓令に従った裁判所の命令による絞首刑を行ったことがある。ワシントン州は一九九三年一月五日、W・ドッドを処刑した。地方裁判所は、この処刑方法およびドッドの死をもたらしたメカニズムに関する広汎な証言を聞いた。N・ブレイディ博士はドッドの処刑を目撃し、ドッドの死を宣告した。同博士の証言によると、ドッドの身体が踏み台から落下したとき、有意味な動きはなかった、身体のねじれも反転も揺れ動きもなかった。同博士は彼の胸と腹部を注意深く観察した、息をはき吸い込む小さな動きがあった、それに続いて数分後に吸入（inspiration）の動きがあった。

ブレイディ博士は次にドッドの身体を六〇秒から一二〇秒の間観察した。それから処刑室に入り、身体に近づき死亡を告げた。R博士はドッドを検死した。彼は、ドッドの死因は脳底に生じた背骨の血管の断裂（tears）によって生じた大量出血によるものであると結論した。

(3)　Xは地方裁判所の証拠決定のいくつかについて異議を申し立てる。われわれは、地方裁判所の証拠決定については裁量の濫用と認められるときにのみ再審査する。

ワシントン州で行われた裁判所の命令による絞首刑にはいわれのない不必要な苦痛を科すものがあるとは認められない。それ故、第八修正に違反しないと判示する。

【反対意見】　〝現在の絞首による処刑方法は暗黒時代から続けられてきたものであります、現代の科学はより野蛮でない方法で死刑囚を死亡させる方法を提供できるのではないかが問題とされてよいでしょう。〟

これらは絞首刑はもはや二〇世紀の品位の基準に合致しないと信じている誰かの言葉であると人々は考えるかもしれない。しかし、それらは一九九四年でなく一世紀以前の一八八五年に書かれた当時のニューヨーク州知事D・

ヒルに由来する。ヒル知事は死刑廃止を求めたのではなく、人の生命を奪うのにそれ（絞首）以外の方法を州が採用することだけを求めたのであった。【2】ケムラー判決四四四頁（一八八五年一月六日付、ニューヨーク州知事の議会への年頭教書を引用する）。

一世紀以上前に文明開化した人々（enlightened individuals）は、たとえ死刑を支持する人々であったとしても、絞首は当時の品位の基準に合致しない〝野蛮な〟慣行であることに関心を示した。そのとき以降、われわれの品位の基準は大いに進展し、裁判所の命令による絞首の概念に関して大いに進展したのである。それより野蛮でない新しい致死薬物注射のような処刑方法が開発されたこと、そして絞首に内在する苦痛や手足の切断の危険に関する証拠が積み重ねられてきたことを理由に、第九巡回区にある二州を除く、すべての州は死刑の執行方法としての絞首刑を放棄してきた。不可解なことに多数意見は、これらの発展のすべてを無視する、多数意見の見解によれば、〝不必要な苦痛を生じない〟というだけの理由で絞首刑は現在のアメリカの社会で受け入れられていると結論する。私は、絞首刑の継続的使用は品位に関する社会の発展的基準に調和しないことは否めないと考える。この問題に触れる必要はないけれども、絞首は物理的情緒的に死に至る死刑囚に不必要な苦痛を与えることも同様に明らかであると私は考える。したがって、絞首による処刑は合憲であるという驚くべき結論に達した点において多数意見に反対するのである。

多数意見には三つの重大な欠陥がある。第一、多数意見は合衆国憲法の残虐で異常な刑罰の範囲を徹底的に削減する。多数意見に加わった私の同僚裁判官は、野蛮で残忍な処刑方法を使用しても、不必要な苦痛を科すことになる場合を除き、第八修正によって禁止されていないと判示する。われわれは今日まで合衆国最高裁の基準を適用し（われわれはそのようにすることを拘束される）、品位に関する社会の発展的基準に反するか、または不必要に苦痛を科すのであれば、そのような処罰方法を無効としてきた。最高裁は明示または黙示に、すべての残虐で異常な刑罰の事案にこの両基準を適用してきた。ところが本日の多数意見は、現代社会は圧倒的に絞首刑を退けてきたという事実から不可避的に生ずる判示を回避するために、この確立したテストを適用することを拒否する。このように判示することは、非人道的な手足切断や残忍な行為（savagery）であっても、必要以上の苦痛をもたらさない限り、そのような刑罰は許容されることになろう。多数意見が判示するように、処刑方法は不必要な苦痛を与えるかどうかを判断するためにのみ処刑方法を検討し、そして特定の処刑方法がわれわれの文明社会に受け入れられているかを判断するために他の要素を考慮しないと判示することは、すべての先例のみならず第八修正のルーツそのものを無視することである。多数意見の先例に基づかない〝ルール〟によれば、それらが必要以上の苦痛を与えないものである限り、手足の切断など最も非人道的であっても許容されることになろう。

第二、絞首刑には不必要な苦痛を伴わないという地方裁判所の認定を多数意見は支持する。いかなる絞首刑にも死刑囚は苦痛を感じつつ死亡するという若干のリスクがあることは否定できない。Xは、致死薬物注射は絞首よりも苦痛のリスクがより少ないことを示す証拠を提出した。地裁はこの証拠を許容することを拒否した、他の手続に内在するリスクでなく絞首に内在するリスクだけを考慮すべきであると信じたからである。しかし、地方裁判所の面前での最終的な争点の一つであり、そして多数意見が専ら焦点とした争点は、絞首には不必要な苦痛の何らかのリスクを伴うかどうかであった。絞首に内在するリスクは、致死薬物注射のような代替的な処刑方法によって不必要になる（obviate）かを検討せずに必要であるかどうかを検討するのは論理的に不可能である。地方裁判所は、比較的な調査をするために必要とされるであろういかなる証拠の提出もXに認めなかったのであるから、それは法律問題として誤りであったことになる。

多数意見は最後に、ワシントン州の絞首刑のプロトコールは事実上（virtually）苦痛や首の切断のリスクをすべて除去していると認めた地方裁判所は明白な誤りをしていなかったという不当な結論を下している。多数意見は、その結論にほとんど影響しない証言の部分だけを、何らの分析なしに繰り返しているにすぎない。しかし、多数意見は、絞首は比較的苦痛がないとしているけれども、全体の文脈下にみると、証言は全体として、各個人（死刑囚）が絞首される毎に断首や長びいた苦痛を伴うリスクのあることを明白に示している。さらに地裁や多数意見が大きく依拠しているワシントン州のプロトコールは、タイプ印刷された一二頁の刑務所規則（prison regulations）から成り、そのうち現実の絞首刑のメカニズムを取り扱ったのは僅か三頁にすぎない。このプロトコールの決定的部分は、現実の執行で一切用いられることのなかった一九五九年の処刑マニュアルから医学的な助言なしにコピーされたものだった。現に専門家の証言は、このプロトコールは過去において激しい苦痛や手足の切断を引き起こした絞首手続とあまり変わりのないこと、このような結果はワシントン州の手続においても発生し続けることを明らかにしている。

本日の判決の結果として、連邦裁判所の中で第九巡回区だけが、わが国のそれ以外の地区において普遍的に拒絶されてきた残忍で野蛮なやり方（practice）を是認する。このことに加えて多数意見は第八修正に計り知れない損失（damege）を与えている。この判決をそのままにしておくことは到底許されないのである。

1　品位の発展的基準

A　法的基準　処刑方法が違憲であるかの問題は第八修正の核心にある問題である。同修正は〝残虐で異常〟であった刑罰を禁止することをとくに意図していた。その目的は有罪とされた重罪犯人に残虐で野蛮な処罰を科すことを禁止すること、そして州によって取られた懲罰的行動（punitive action）が文明社会の基準と合致することの確保であった。第八修正は、打首、手足の切断（quartering）、生きたままの火刑のような刑罰を禁止する。【1】ウィルカーソン判決一三五頁を見よ。

第八修正が批准されて以降、合衆国は二つの方法でその及ぶ範囲を拡大した。第一、最高裁は、第八修正の保護は〝静的でない〟こと〝第八修正は成熟社会の進歩を示す品位の発展的基準からその意味を引き出さなければならない〟ことを認めた。【5】トロップ判決一〇一頁。最高裁は早くも一九一〇年に、残虐で異常な刑罰禁止の条項は権利の章典が採用された時点で残虐で異常と考えられた刑罰に限定されないことを認めた。【3】ウィームズ判決三七二—七三頁。憲法制定者（the Framers）は、われわれの社会の道徳的慣習（mores）は発展すること、かつて広く採用されていた方法の中には社会に受け入れられなくなるものがあること、それ故、スチュアート王朝期の拷問的で野蛮な刑罰が憲法制定者自身の時代に受け入れられなくなったのと丁度同じであることを理解していた。彼らは、それ故、ダイナミックに〝前進し〟〝時代遅れの意味に固定されず、世論が人道に適った正義によって啓発されるにつれ新しい意味を獲得する〟残虐で異常な刑罰の禁止を創設したのである。

第二、最高裁は、同修正の適用範囲を野蛮な刑罰方法の禁止を越えて、犯罪と刑罰が均衡していることを保障するものとしてその保護を拡大した。例えば、【8】コカ判決を見よ。これらの展開にもかかわらず、第八修正の基本的目的は変わっていない。すなわち、われわれが直面している特定の刑罰の方法が非文明的で野蛮であるかの問題は、第八修正の中に具体化されている核心の禁止に関わりがあるのである。

最高裁が【5】トロップ判決で明らかにしたように、われわれの品位の発展的基準と相容れない刑罰は残虐で異常な刑罰禁止条項に違反する。さらに、もしそれが〝不必要でいわれなき苦痛を科す〟ことを含むのであれば同条項に違反する。〝成熟社会の進歩を示す品位の発展的基準〟と相容れないものや〝不必要でいわれなき苦痛を科すもの〟は第八修正に反する。これらの判例の中で説明された分析は、明示または黙示に、最近の第八修正の事案のすべてに適用されてきた。

いかなる第八修正の事案においても、われわれの最終的な調査は常に当の刑罰は品位の発展的基準に合致するかである。例えば、【7】グレッグ判決一七三頁を見よ。しかし、われわれの分析を指図する命令（prescribed order）

はない。本件は第八修正の〝核心〟問題に関わりがあるので、より基本的な問題から始めるのが順序として正しい（orderly）と思われる。私は、第一部において絞首刑のより一般的な品位の発展的基準との矛盾を論じ、第二部において（この点に触れることは必要ではないが）絞首刑が不必要でいわれなき苦痛を科すかどうかを検討する。

ある刑罰がわれわれ社会の発展的基準に合致するかの判断に際し、裁判所は種々の要素に目を向けることができる。しかし、最も重要なのは一定の制裁への国民の態度を反映する客観的指標に目を向けることである。【7】グレッグ判決一七三頁。最も重要な客観的証拠は社会の選ばれた代表によって採用された制定法から成る。【11】スタンフォード判決。州の立法が特定の刑罰を退ける際に十分な〝国民的合意（national consensus）〟に達していた場合、その刑罰は違憲であるのでわれわれの調査は終了する。最高裁も当裁判所もどの程度の合意があれば十分であるかにつき明示に判断したことはないけれども、州の立法の動向が極めて大きくなった（so compelling）時点でわれわれはそれを無視できないことは明らかである。第八修正は特定の刑罰を禁止しているかを〝判断するのは最終的にわれわれ（裁判官）である。〟【9】エンムンド判決七九七頁。しかし、一旦ある刑罰が十分な数の州の立法府により受け入れられないとして退けられると、われわれの見解がどのようなものであるにせよ、われわれはもはや、それは社会の品位の基準に合致していると考えることはできない。例えば、【8】コカ判決（主としてジョージア州は成人に対する強姦犯に死刑を科す唯一の州であり、かついかなる強姦犯に対しても死刑を科す唯一の州であることを理由に、成人女性への強姦犯に死刑を科すジョージア死刑法を無効とする）を見よ。

立法府がこの種の一般的合意に達していない場合、われわれはさらに調査しなければならない。そのような状況下に最高裁が明らかにしているように、立法府だけが第八修正の基準を決定できるのではない。第八修正は立法権限の濫用から個人を保護することを意図しているからである。【7】グレッグ判決一七四頁注一九。ある刑罰に関する立法府の明確な否定的判断がない場合、われわれは他の客観的指標を見つけなければならない。要するに、われわれは、その刑罰が第八修正の核心である人間の尊厳（human dignity）の基本的概念に合致するかを検討しなければならない。裁判官は自己の判断を立法府の判断に代えることはできない、しかしそれは、訓練、教育、および彼らを裁判官にした特性（characteristics）によって彼らには本件のような問題に対応できる能力が十分に備わっている（well equipped）。さらに終身制（life tenure）であるので連邦裁判官は政治的圧力その他の外部の問題から自由にそのようにすることができる。

B　社会が絞首刑を拒絶した客観的証拠

絞首刑は客観的尺度によって現在の社会によって拒絶されてきた。この国は廃止への〝傾向〟以上のものを経験してきた。廃止はほぼ完全である。事実それは、第九巡回区の北西地域を除くすべての地域で完了している。世紀の変わり目に絞首刑は〝ほぼ普遍的な執行方法〟であった。現に四八州が重罪犯罪で有罪とされた人を絞首刑に処していた。しかし、この国において絞首刑は事実上すべての地域において廃止された、州がより残虐でも気味悪くもない（less gruesome）処刑方法を探したからである。「一八五三年以降、四六州が絞首刑を支持しなくなった、三九州はより人道的と考えられる他の処刑方法を支持して絞首刑を廃止した、そしてさらに七州は絞首刑が彼らが採用した処刑方法であった時代に死刑を廃止した。州がそのプロトコールに大いに依拠した合衆国陸軍も、一九八六年にそのような処刑方法を廃棄した。そしてその同じ年に第九巡回区以外の最後の二州がその慣行を廃止し、致死薬物注射に取り換えた。それ故、現在、いずれも第九巡回区にあるワシントン州とモンタナ州だけが処刑方法としての絞首刑を保持している。」

絞首刑のように広汎に拒絶されてきた処刑方法を支持した連邦事件はない。現に最高裁は、客観的証拠が本件におけるよりもはるかに強力でない場合であっても、社会はそのような刑罰を拒絶していると結論した。【9】エンムンド判決において代理重罪殺人に対する死刑を違憲としたホワイト裁判官執筆の法廷意見は、殺人を伴った強盗に少しでも関与した被告人に死刑を是認するのは僅か三分の一の法域にすぎないという事実、とりわけ人が殺害された重罪に関与しただけで死刑を是認するのは八州だけであるという事実に大きく依拠した。

同様に【10】トンプソン判決において最高裁は、第八修正は一六歳以下の少年によって犯された犯罪に対する死刑を禁止していると判示した。一五歳であっても最少年齢の規定のない一九州では死刑を科せられうるが、社会はこのような年齢の子供に対する死刑を拒絶しているというのである。

エンムンド判決およびトンプソン判決の下で絞首刑はさらに一層（a fortiori）違憲である。社会が処刑方法としての絞首を拒絶してきた証拠は、最高裁がこれらの判決で違憲とするのに十分であるとした証拠よりはるかに強力である。これらの判決での実務（practices）と異なり、地理的にごく近接した二州を除くすべての州が絞首刑を拒絶してきた。多数意見の性格付けと異なり、このことは〝絞首刑を他の処罰方法に代える最近におけるいくつかの州での傾向〟ではない。そうではなく、普遍的に受け入れられていた従前の処罰方法に関する各州における事実上一致した拒絶である。「一八八五年におけるニューヨークの絞首刑の廃止を皮切りとして、かつて絞首刑を維持したすべての州――ワシントンとモンタナ両州を除く――は、他のより野蛮でない処刑方法を求めてきた。」多くの州は二〇世紀の初めにそのようにした、さらに多くの州は一九三〇年代および一九四〇年代にそのようにした、そしてなお多くの州も最近になりそのようにした。このことは、要するに、最高裁が〝特定の刑罰を残虐で異常であるとするのに十分であると従前考えた〟よりはるかに大きな〝国民の合意の程度〟が存在していることを示しているのである。

絞首刑は違憲であるとの結論を命じているのは州の数だけではない。州の立法府が第八修正の核心の関心事に大いに動機付けられてきたということも事実である。他の処刑方法に賛成して絞首刑を廃止した州は、ヒル知事の暗黒時代から続いていた〝野蛮〟な処刑方法としての絞首刑の性格付けに明らかに同意してそのようにしたのである。絞首刑は極めて非人道的であると考えられたので各州立法府は、現に利用可能な処刑方法をより望ましい処刑方法であると認めた。各州は、電気処刑、致死ガス、致死薬物注射を支持して絞首刑を拒絶した。これらの処刑方法の中にはそれ自体問題視されうるものがあるかもしれないけれども、各州はこれらの処刑方法はすべて絞首刑よりも人道的（more humanic）であると考えたのである。Malloy v. South Carolina, 237 U.S.180（1915）（〝ニューヨーク州における結果に影響された他の一一州は処刑適用事件において同一の処刑方法を採用した、そして周知のように、この結論は、電気処刑は絞首刑よりもより人道的であり、より苦痛が少ないという十分な根拠のある考えの帰結である〟）を見よ。四〇年後にルイジアナ州が電気処刑に賛同して絞首刑を廃止したとき、〝電気処刑は絞首刑よりも死刑を執行する方法としてより人道的かつより苦痛の少ない方法である〟と説明した。絞首刑を電気処刑に代えた州と同様、絞首刑からガス室に代えた州は〝現代の科学で知られている最も人道的な方法で死刑を規定する方法を求めた〟のである。これと同じことは、もちろん、これに代えて致死薬物注射を選択した各州にとっても真実である。

絞首刑がなお制定法上残されている二つの法域においてもそれらは、最近、実務上廃止された。一九六二年以降、第八修正の権利を主張した者は誰一人としてこの国において合法的に絞首されていない。この期間中に裁判所の命令により絞首刑を言い渡された唯一の人物はW・ドッドであった。彼はこの権利を主張することを拒否した後で昨年ワシントン州で処刑された。このような事実は、絞首刑はもはやわが社会の品位の基準に合致していないことを示す十分に強力な証拠を提供している。

絞首刑を廃止した四六州およびそれを採用しなかった二州の立法府は、絞首刑は人の生命を奪う非人道的な方法であると判断した。そのようにすることで彼らは、第八修正の核心の関心事に応えたのである。全裁判官関与の当裁判所の多数意見にはその判断を、わが国におけるほとんどすべての州の立法府の明示に表明された見解に代える権利はない（(has no basiness)。国民の合意は憲法の下でわれわれを拘束するからである

本件において最初の国民の客観的態度の基準よりさらにわれわれが歩を進めることは不必要である。この客観的

証拠は圧倒的であり、それはわれわれの判断を拘束する。絞首刑はもはやわれわれの品位の基準に合致しないとの各州立法府のほとんど普遍的な判断をわれわれは拒絶できない。この国の人民および立法府は、彼らの判断を示し、明確かつ一貫して処刑方法としての絞首刑を拒絶してきたのであるから、われわれの仕事は終了する。これ以上の調査は必要でない。しかし、本件では、単一であると複合的であるとを問わず、すべての要素は、絞首刑が残虐で異常な刑罰であるとの判断を必要としているという単純な事実がある。それ故、他の関連する要素のいくつかを吟味することは役に立つ。

C　絞首刑と人間の尊厳との矛盾

ほぼすべての州が処刑方法としての絞首刑を拒絶しているので、絞首刑はわれわれの品位の発展的基準に合致しないという事実だけではない。裁判所の命令による絞首刑は人間の尊厳への敬意に明らかに矛盾しているという事実がある。

証拠排除手続におけるすべての専門家証人は、キャンベル（X）によって喚問された者も州側によって喚問された者も、ワシントン州のプロトコールの下では何らかの時点で断首（decapitations）が生じるであろうことを認めていた。実際、Xはワシントン州のプロトコールの下で生じるであろう断首の危険が高まるという争いのない証言を提出した。落下の力は非常に大きいので首が身体から切り離され血が飛び散り手に負えなくなる（spurs uncontrollably）ということは絞首の品位を下げる（degrading）事例の一つにすぎない。

絞首刑は、リンチ、辺境地帯での裁判（frontier justice）、そして身体が木から吊り下げられ公の場所で見世物とされるというわれわれの忘れられない（best-forgotten）歴史に結びついている。多くのアメリカ人にとって裁判所の命令による絞首は、ビブリィ・ホリデイ（Biblie Holiday）によって何度も繰り返された不朽の歌の中にある南部の野蛮な裁判のイメージを喚起する。他の多くのアメリカ人にとって、それらは荒々しい即席の西部の裁判のシンボルである。しかし、われわれのすべてにとって、絞首刑は、真の困難な時代、刑罰を科す際に人間の尊厳や品位に無関心であった時代の遺物（anachronism）である。絞首刑がなお存在する第九巡回区の各州において、それは野蛮な時代錯誤的な遺物としてなお聳え立っているのである。

残虐で異常である野蛮な方法による刑罰をわれわれが拒絶したのは、それらが与える苦痛を理由とするだけでなく、文明化された社会にわれわれは存在しているというわれわれの誇りがあるからである。われわれは死刑を必要な害悪（evil）であると考えている。それを公の集まりでの儀式（celebration）であるなどと考える者はいない。なお、絞首刑は歴史的には公開処刑の見世物（spectacle of public executions）と結びついていた。チャールズ・ディッケンズはロンドン・タイムズ紙への手紙の中で、一八四九年に彼が参列した絞首刑での大混乱について血が凍りついた（made my blood run cold）と記している。要するに、憲法は可能な限り文明化された方法でかつ野蛮でない方法で死刑を科すことを命じている。もし医学が比較的苦痛なしに平穏に、かつ比較的威厳をもって生命を終わらせる方法を開発したのであれば、かかる方法を採用することを憲法は命じているのである。南部や西部での古い時代の裁判は終わりにしなければならない。

より苦痛の少ない（a less painful）処刑方法が利用できるのであれば、より苦痛の多い処刑方法を用いてはならないという命題をより詳細に述べたこの意見の第二部との関わりで、私は医学的に相当な処刑方法の問題を検討するつもりである。ここで私は、次のことだけを強調しておく。すなわち致死薬物注射に関する証拠の提出を認めることを地裁は不当にも拒否しているけれども、医学の専門的訓練を受けた者によって医学的状況下に鎮静剤を服用されベッド上に横たわっている者への致死薬物注射は、死刑囚に絞首台に上ることを強制し訓練を受けていない死刑執行人（hangman）がその落下を待ちかまえている絞首刑と比べると、はるかに野蛮でもなくはるかに非人道的でも品位に欠けるものでもないことを強調しておきたい。

D　多数意見による第八修正の骨抜き（evisceration）（略）

E　まとめ　以上を要するに、社会の〝品位の発展的基準〟によれば、絞首刑は禁止されるかの検討を多数意見がしなかったことに正当化理由は全くない。野蛮で非文明的な処罰方法の禁止は第八修正の核心である。州側はわれわれに、特定の刑罰が社会的基準（societal standards）に合致するかの判断をすることを要求した、そしてこの質問に答えるために州の各立法府の行動に目を向けることをわれわれに要求している。多数意見は、品位の発展的基準に合致すると判示する、あるいはそのことを示唆する一件の判例を示すこともできないのである。

2　不必要にしていわれなき苦痛（略）

3　結論

絞首刑は現代のアメリカ社会によって完全に拒絶されてきた暴力的で野蛮な方法である。実際、われわれの社会は一〇〇年以上前にそれを拒絶し始めた。断首や長びく苦痛などのリスクを除外したとしても、絞首刑は第八修正の根底にある基本的概念である〝人間の尊厳〟と全く矛盾している。【7】グレッグ判決一七三頁。ワシントン州は、ロープの紐に彼の首を巻きつけて彼の脊椎が折れることによって人を殺害しようとするとき、人間の尊厳に対する敬意を全く示していない。

われわれの巡回区は、本日の判決によってわれわれすべてを不断に悩ます腫物（blotch）をもつことになった。私は、当巡回区以外の文明社会にとって明らかであることを間もなくわれわれが理解することを希望する。いずれにせよ、われわれはいつの日か、憲法の下で義務付けられていることを果たすであろうこと、そしてわれわれはワシントン州およびモンタナ州に対し、このように残虐で異常な方法によって市民の生命を奪うことはできないことを告げることになろう。そして同僚の示した本判決にもかかわらず、絞首刑は憲法に違反するので、多数意見に反対する次第である。

【19】キャンベル上告受理却下ブラックマン反対意見（一九九四年五月二六日）

本反対意見（Campbell v. Wood, 511 U.S. 1119）（Blackmun, J., dissenting）は、死刑執行停止の申立を退けた最高裁決定（スティヴンズ、ギンズバーグ両裁判官の反対意見あり）に対する再度の上告受理の申立を却下したものであるが、これに対するブラックマン裁判官の詳細な反対意見が付されており、処刑方法としての絞首刑の問題点を検討する上で極めて有益と思われる。以下は、同反対意見の要旨である。

絞首は一八五三年当時の合衆国において〝ほぼ普遍的〟な処刑方法であった、そして四八州はかつてこの方法による死刑を科していた。現在、ワシントン州およびモンタナ州だけが裁判所の命令による絞首（judicial hanging）を採用している。モンタナ州は五〇年以上絞首による処刑を実行していない、そして死刑宣告を争った者は誰一人として五〇年以上にわたり合衆国において合法的に絞首された者はいない。

なお、一九六三年以降、発生した絞首による唯一の処刑例は、昨年ワシントン州において刑を執行されたW・トッドのそれであった。トッドは、刑の執行方法を選択することも彼の絞首による死刑宣告も争わなかった。ワシントン州の死刑制定法は、〝死刑は絞首によるか、または被告人の選択で、［致死薬物注射］によって科せられる〟と定めている。処刑方法を選択するのを好まないキャンベルのような被告人に対しワシントン州は、絞首による死刑を科している。ワシントン州において〝絞首による〟刑の執行につき本件申立人キャンベルは、彼の絞首刑は残虐で異常な刑罰であると主張する。私はこれに同意する、従って、たとえ死刑という制裁（death penalty）が憲法上適用されうると考えたとしても、私は、本件事案において執行停止を認めることに賛成し、上告受理の申立を認めたい。

絞首刑を保持している二州はいずれも第九巡回区にあるので、この問題に関する巡回区の争いが生じる見込みはない。私は、当裁判所の同僚裁判官が意見を異にすることについては尊重するけれども、本件におけるような基本的な憲法上の問題を提示する死刑判決について、第九巡回区の争いを待つことはできないのである。

当裁判所は、第八修正の残虐で異常な刑罰の禁止は〝成熟社会の進歩を示す品位の発展的基準からその意味を引き出す〟こと【5】トロップ判決一〇一頁、そしてこれらの発展的基準の最上の証拠は〝この国の立法府によって施行された制定法である〟こと【12】ペンリー判決三三一頁を受け入れてきた、【11】スタンフォード判決三七〇頁（一定の制裁に対する国民の態度を反映する客観的指標の中で最たるものは選ばれた社会の代表者によって可決された制定法である）をも見よ。国民の絞首刑への非難（public condemnation of hanging）は圧倒的である。かつて正規に（regularly）絞首刑を科していた四八州のうち四六州がその慣習（practice）を放棄しただけでなく、多くの州の立法府はこの慣行を放棄した。絞首刑はまさに第八修正の核心である非人道的で野蛮であると認識したからである。例えば、【6】ファーマン判決二九六～二九七頁（ブレナン同調意見）（より人道的と考えられる致死ガスや電気処刑の開発以来、絞首刑や銃殺刑は事実上消滅した）、Malloy v. South Carolina, 237 U.S. 180, 185 (1915)（〝電気処刑は絞首刑よりも苦痛が少なくより人道的であるという十分根拠のあるという考え〟に基づいて一一州は彼らの慣行を変更したと指摘する）を見よ。しかし、【17】グラス判決（ブレナン反対意見）（電気処刑による死は残虐で異常であると主張する）を見よ。死刑支持の世論（popularity）が近時高まっていても絞首刑容認は着実に減少している。【6】ファーマン判決当時に裁判所の命令による絞首刑を規定している八州のうちすべての州は、二州を除き、それを廃止した。今日、英語圏において州によって命じられた絞首刑を科すのはワシントン州、モンタナ州および南アフリカの三法域のみである。

さらに各州での絞首刑廃止（rejection of hanging）の動きは、当裁判所が以前に残虐で異常であると認めた慣行の廃棄当時よりもはるかに普遍的である。【10】トンプソン判決（州の立法府のほぼ三分の二が否定している場合に一六歳未満の犯罪者に対する死刑を無効とする）、【9】エンムンド判決（重罪代理殺人者に対する死刑を八州だけがその刑罰を認めているにすぎない場合にそれを取り消す）、【8】コカ判決（ジョージア州だけが成人に対する強姦に死刑を科しており、かつ三州だけがいかなる強姦に対しても死刑を科している場合に強姦に対する死刑を廃止する）と【12】スタンフォード判決（死刑を認めている州の多数が是認しているとして一六歳に対する死刑を支持する）を比較せよ。

第九巡回区控訴裁判所は全裁判官参加の六対五の意見で、「そのような証拠は死刑の均衡性（proportionality）を考慮することにのみ関連する」と判示し、このような州の慣行の圧倒的な証拠を無視した。処刑方法が検討されている場合、第八修正は〝不必要でいわれなき苦痛を科すこと〟だけを禁止していると多数意見は主張する。絞首刑は〝意図的な残虐〟を科すものではないことを理由にそのような処刑方法は合憲であるというのである。このような第九巡回区の分析には驚く、苦痛は第八修正の下で唯一の検討事項（exclusive consideration）であるとか、均衡性に対する異議申立てと死刑の執行方法とを区別することを当裁判所は一切していないからである。われわれは、それとは逆に「刑罰は第八修正の下にある基本的概念である人間の尊厳にも合致したものでなければならないこと」を指摘してきた、【7】グレッグ判決一七三頁（スチュアート、パウエルおよびスティヴンズ裁判官の共同意見）、これは苦痛のない見世物（public display）、引き回しおよび四つ裂き刑、手足の切断などの死後の刑罰もまた第八修正に違反するとのわれわれの認識によって支持される示唆である。【1】ウィルカーソン判決一三五～一三六頁。

しかし、全裁判官参加の判決の強調する苦痛は、それ自身の文言上も十分でない（fails on its own terms）。最も〝理想的な〟状況下での絞首は脊椎（spine）を折ることによって殺害する。被害者（被処刑者）が十分な高所から落下すると彼の骨は外れ脊髄は砕けるため、直ちに無意識となり間もなく死亡する。しかし、絞首は常に残虐で不明確な方法である。ロープが余りにも弾力的あるいは余りにも短いのであれば、死刑囚は徐徐に絞殺され窒息するに至ることになる。もしロープが余りにも張りつめられたり余りにも長すぎると首が切れてしまうこともある。ベテランの刑務所看守は、典型的な絞首刑を次のように描写している。すなわち、落とし戸（trap）がはねると彼はロープの端にぶら下がる、首が折れずに死刑囚は徐々に（窒息し）死に至る。彼の眼球は頭部からほぼ飛び出す、彼の舌は突き出て口からはみ出す、彼の首は折れるかもしれない、そしてロープは、多くの場合、首にかける紐（noose）が掛けられている顔からその奥の皮膚に食い込む、彼は尿を漏らし脱糞し、そして身体は証人が見ているところで床に落下する。

ロープの端で身もだえしながら次第に窒息する人間は、疑いもなく最も拷問的で〝野蛮な苦痛〟を経験することになる。【7】グレッグ判決一七三頁。一方、部分的または完全な人の首切り（decapitation）は血が飛び散るので、明らかに人間の尊厳に反する。

ワシントン州の絞首刑は〝プロトコール〟に従って実施されるので、このような不幸は減少されると州側は主張する。ワシントン州のプロトコールは、首の切断を避けるために首縄の適切な場所、ロープの幅と長さを詳細に定め、そして仮死状態（asphyxiation）を避けるためにロープを煮沸し、引っ張り、ワックスをかけることを定めている。プロトコールには被告人の体重を基に落下させるのに適切な身体の距離を決定するための図が含まれている。ワシントン州は主として、このプロトコールに依拠して裁判所の命令による絞首刑を実施している。同州は訓練を受けた死刑執行人（trained hangers）を採用していないし、合衆国には訓練された死刑執行人もいない。

第九巡回区は、このようなプロトコールおよびその最近の唯一の絞首刑から州自身が経験した証拠に依拠し、絞首刑は迅速でもないし比較的苦痛がないという〝ごく僅かのリスク〟しかないと認める。しかし、ワシントン州のプロトコールは、今まで一度もいかなる絞首刑においても用いられたことのない、そして過去において拷問による死や四肢の切断をもたらした絞首刑手続とほとんど区別できない、一九五九年の軍隊での処刑方法をほぼそのまま転用したものである。地方裁判所で証言した両当事者の専門家は、絞首刑には常に無意識と死が直ちには生じないリスクがあることに同意し、ワシントン州の絞首刑には不可避的に断首による死（death by decapitation）が伴うであろうことに同意している。ワシントン州のプロトコールは窒息または断首の危険を減少させるという証拠を州側は提出しなかった、そしてプロトコールは死刑囚の頭が切断される（turn off）可能性を現に増加させるという反論できない証言をキャンベルは提出した。このような証拠は争われていない。それ故、ワシントン州の絞首刑には、一州を除き、すべての州が処刑方法として絞首刑を廃棄するに至った不可避的欠陥（failings）があることになる。

中立人の犯罪が身の毛のよだつもの（horrible）であること、あるいは彼の刑罰は厳しくすべきであることを争っているのではない。しかしながら、憲法は、文明化した社会に攻撃的（offensive）である刑罰を科すことを禁止している。かつて絞首刑を科していた四八州のうち四六州は、このような絞首による刑罰を不必要に拷問的で野蛮かつ非人道的であるとして退けてきた。私は、アメリカ合衆国において今日、絞首刑は残虐で異常な刑罰であると結論するにすぎないのである。

二　ネブラスカ州最高裁マータ判決（二〇〇八年二月八日）

本判決（State v. Mata, 745 N. E. 2d 229）は、第一級謀殺罪で有罪とされ電気処刑を言い渡された被告人が州法の規定する電気処刑は〝残虐な刑罰〟であり憲法に違反するとして争った事案につき、従前の処刑方法に関する先例および電気処刑の実態を詳細に検討した上で、結論として死刑判決は維持しつつ、憲法の禁止する残虐で異常な刑罰に当たることを理由に電気処刑の停止を命じたものである。本判決は従前の合衆国最高裁判例の整理としてはもとより、後に検討するわが国での問題点を検討する上でも極めて有益である。

論点は多岐にわたるが、以下、電気処刑の合憲性の問題に限定してその判示内容を紹介しておく。

【判　示】

1　ネブラスカ州憲法

(1)　死刑は、いかなる方法によるものであれ、合衆国憲法およびネブラスカ州憲法に違反するとマータは主張していないし、彼はそのように主張することはできなかった。〝死刑は州によって適切に科せられるとき、合衆国憲法第八修正ないし第一四修正またはネブラスカ州憲法に違反しないことは判例法上確立している。〟したがって、「本件での争点は、マータは処刑されるかではなく、現在の制定法上の処刑方法は合憲であるかどうかにすぎない。」

すべての死刑適用犯罪は極悪な犯罪に関わる。ネブラスカ州の人民は州議会を介して、若干の状況下に州は死刑を科すことができると判断した。そしてわれわれは、囚人を処刑する州の手続が憲法の要求に反しない限り、それに介入できない。

(2)　ネブラスカ州憲法第一条第九項は、合衆国憲法第八修正を模範（mirror）とし、〝過大な額の保釈金を要求し、または過重な罰金を科してはならない。また残虐で異常な刑罰を科してはならない〟と規定している。われわれはもちろん、合衆国憲法の下で電気処刑は残虐で異常な刑罰であると宣告できない、そしてわれわれは、ネブラスカ州憲法の残虐で異常な刑罰の基準は〝合衆国憲法［第八修正］が要求する以上のことを要求していない〟と述べたことがある。しかし、われわれは今、後に説明するように、この争点は当裁判所によって解決されるべきであると信じている。

合衆国最高裁は、当裁判所と同様、電気処刑の合憲性に関する客観的証拠を再検討したことは一切なかった。最高裁はその判示を、一八九〇年から吟味されることのなかった科学（untested science）に依拠した州裁判所の事実に関する前提（factual assumptions）を基礎としていた。われわれはもはや、このような事実に関する前提に依拠できないないし、ネブラスカ州以外の州は電気処刑を唯一の処刑方法としていないので、われわれはネブラスカ州憲法の下でこの争点を判断することとする。

2　電気処刑に関する初期の合衆国最高裁判決

(1)　合衆国最高裁は一八九〇年の【2】ケムラー判決において、ニューヨーク州は電気処刑による初めての執行を実施できると判断した。州知事がより野蛮でない方法を見つけることを一八八六年に州議会に勧告するまで、ニューヨーク州は絞首による死刑の執行を実施していた。商業的に利用可能な電気は新しかったし、州は処刑のためにそれを用いていなかった。しかし、電気処刑が現代科学で知られている最も人道的で実際的な方法であることを州議会委員会が一八八八年に報告した後、ニューヨーク州は同州の処刑方法として従来の絞首刑に代えて、電気処刑を制定法化した。電気処刑による死を予定されていた最初の死刑囚W・ケムラーは、残虐で異常な刑罰であるとしてこの方法に挑戦した。電気処刑は州憲法および連邦憲法の下での彼のデュー・プロセスの権利に違反すると主張したのである。

公判裁判所は、制定法の合憲性の推定をケムラーは打破していなかったと結論した、電気の力は科学的に適用されたとしても人間の死を明確かつ確実にもたらすに至らないことを〝合理的疑いを越えて〟十分立証しなかったと結論したのである。ニューヨーク州最高裁はこれを維持した。制定法の合憲性の推定は、他の証拠によって裁判所による確知ができる程度まで打破されなかったと判断し、〝この方法は新しいという理由で異常であるといえるかもしれないが、若干の刑罰をそのようなものとして刻印付け（stamped）てきた共通の知識に照らし、残虐であると推定することはできないと判示〟したのである。しかし、同最高裁は、電流は十分に瞬時であり、それ故、苦痛のない死をもたらしうることを証拠は示していることには同意した。

上告受理の申立てを容れた合衆国最高裁は、残虐で異常な刑罰は正確に定義できないと述べた。しかし、若干の類型の刑罰は明らかに第八修正の禁止の範囲内にある、すなわち〝それらが拷問または長引かせた死（a lingering death）に関わるとき残虐であるが、死刑という刑罰は、憲法の中で用いられている言葉の意味において残虐でない、それは何か非人道的で野蛮なもの、生命の単なる消滅以上の何かを意味する〟と述べたのである。

ケムラー判決の基準は一一八年以上にわたり、ある処刑方法を第八修正の下で評価するための基本となる標準であり続けた。最高裁は、しかし、ケムラー判決において新たに制定法化されたニューヨーク州の電気処刑にこの基準を適用しなかったし、電気処刑に関する証拠を独立して再検討することもしなかった。最高裁はその代わりに、第八修正の保護は第一四修正を介して州の行動に適用できないと判示し、〝州憲法の下で［電気処刑の］有効性を維持する州裁判所の判断は本件で……再検討できない〟と判示した。最高裁は、第一四修正の保護を〝恣意的な生命、自由、または財産の剥奪の禁止、および類似の状況下でのすべての人に対する平等の保護〟に限定した。そしてこの基準の下で最高裁は、州の新しい処刑方法は囚人の連邦法上のデュー・プロセスの権利を侵害しなかったと結論したのである。

それ故、最高裁は第八修正の下で同事案を判断しなかった、そして一八九〇年には電気処刑に関する証拠は乏しかったにもかかわらず、当裁判所を含めた下級裁判所は、電気処刑は残虐で異常な刑罰であるという主張を即決(summarily) 却下する陳腐な道 (the well-worn path) を歩み続けてきた、すなわち〝ケムラー判決での最高裁の意見の強さに典型的に依拠〟したのである。【17】グラス判決上告受理申立却下に対するブレナン裁判官の反対意見(マーシャル裁判官参加) を見よ。
(2)　最高裁は一九一五年のマロイ判決 (Malloy v. South Carolina, 237 U.S. 180) において、絞首刑から電気処刑へのサウスカロライナ州法の変更は事後法禁止の処罰に当たらないと判示し、謀殺に対する刑罰――死刑――は加重されたものではなかったと結論した。第八修正は争点でなかったけれども、最高裁は、ネブラスカ州を含むその他一一の州はニューヨーク州の採用後に電気処刑を採用したとする裁判所による確知をした、そして〝この結論は、電気処刑は絞首刑より苦痛が少なくより人道的であるという十分な証拠による裏付けに基づいている〟と指摘した。

それ故、最高裁の理由付けは、電気処刑は絞首刑よりも人道的であるので囚人の刑罰を加重したことにはならないという事実に関する前提（its factual assumption）に、一部、依拠していたのである。

電気処刑に挑戦した一九四七年の【4】フランシス判決において八人の裁判官は判断を下すことはなかったが、第八修正違反は第一四修正の下での囚人のデュー・プロセスの権利を侵害すると考えていた。争点は、最初の電気処刑で囚人を死亡させることができなかった後でルイジアナ州は第二回目の電気処刑を実施できるかであり、電気処刑が内在的に残虐または異常であるかではなかった。

四人の相対的多数意見（plurarity）は、〝憲法が禁止する残虐性は処罰方法に内在する残虐性であって、生命を消滅させるために人道的に採用されたいかなる方法にも含まれる当然の苦痛ではない〟と結論した。彼を電気処刑しようとした第二回目の試みに直面した囚人の生理学的な辛苦は不幸な事故の結果であった。〝それに続いた彼の処刑は憲法上の意味においてそれ以外の処刑方法よりも多くの苦痛を〟科す（意図による）結果ではなかったというのである。四人の裁判官の反対意見は、苦痛がなく瞬時であるとき電気処刑は残虐で異常な刑罰でない、すなわち〝電気処刑は苦痛を除去する方法においてのみ是認されてきた〟と結論した。

それ故、【4】レスウェーバ（フランシス）判決において、相対的多数意見と反対意見の両者はいずれも電気処刑は合憲でありうると結論した。もっとも、相対的多数意見と反対意見の両者は再び、最高裁が第八修正の適用を拒否しニューヨーク州最高裁判決に敬意を払った【2】ケムラー判決に依拠した。レスウェーバ（フランシス）判決は、適切に実施されると電気処刑は瞬時かつ苦痛のない死をもたらす方法であるとの前提に触れることはなかったのである。

これら初期の判例の以上の概観から明らかなように、電気処刑に関する合衆国最高裁の判例法は、電流の人間への生理学的影響について未だ調査されていない事実に基づいた前提（unexamined factual assumptions）に依拠している。このような最高裁判例（the Court's jurisdiction）における明白な手抜かりは、三つの要素、すなわち、①人間の身体への電気処刑の影響に関する最高裁の限定的知識、②絞首よりも人道的な処刑方法を見つけたい州の願望、および③電気処刑が最初に導入されたとき第八修正は州議会の処罰判断に関する抑制として意図されていなかったという最高裁の見解に由来する。しかし、かかる見解は変化した。第八修正は刑罰を科す州の権限への抑制であることを最高裁はとくに判示した、そして第八修正は第一四修正を介して州に適用できると合衆国最高裁は判示しているからである。一九六二年のロビンソン判決を見よ。

それにもかかわらず、レスウェーバ（フランシス）判決以降、最高裁は処刑方法の合憲性に言及したことはなかった、そして同判決で間接的にのみそれに言及したにすぎなかったのである。

(3)　連邦憲法およびネブラスカ州憲法の下で付与されている憲法上の権利を保護することはわれわれの義務である。われわれはもはや、電気処刑の合憲性に関わる合衆国最高裁の先例に含まれている事実に関する前提に依拠することはできないと結論する。われわれは今では、電気処刑は残虐で異常な刑罰ではないと判示したときに最高裁が一切考慮しなかった性質・特性の証拠を提示されているから、連邦の先例に合理的に（rationally）敬意を払うことはできないのである。

すでに論じたように、もし最高裁が当時このような証拠を提示されていたのであれば、処刑方法としての電気処刑への挑戦を連邦憲法の下でどのように解決したであろうかを判断することはできない。しかし、最高裁の最近の判断および反対意見の中には、最高裁の事実に関する先例の時代遅れの前提に注意を喚起しているものがあることを指摘しておく。われわれはまた、処刑の代替方法として電気処刑を規定している他の法域からのこの争点に関する上告を最高裁が受け入れるのはほとんどありそうにないことを知っている。有罪とされた囚人は、もし彼または彼女が任意にかかる方法を選択するのであれば、処刑方法への憲法上の挑戦を放棄していると最高裁は判示しているからである。ネブラスカ州においてのみ電気処刑が裁判所によって命令された処刑方法である、すなわち代替方法はない。

最高裁が本件事案で上告受理令状を許可するかどうかを予測することはわれわれの機能でない。しかし、本件の自動的控訴で提示された挑戦を本件記録に基づいて審理し決定することは、憲法上の職員（constitutional officer）としてのわれわれの義務である。そしてわれわれは、州憲法によって付与されている憲法上の権利を保護するわれわれの義務を回避したり放棄することはしない。電気処刑は残虐で異常な刑罰であるかどうかは、それを判断するために当裁判所に提示された（has fallen）争点であるとわれわれは結論する。

3　残虐で異常な刑罰の法的基準

ネブラスカ州憲法が本件争点を支配するとわれわれは結論するけれども、州憲法および連邦憲法の両者はいずれも残虐で異常な刑罰を禁止しているので、同一（parallel）の憲法規定間の調和を維持するために、一般的な基準に関する手引き（guidance）として連邦の先例に目を向けることとする。

⑴　不必要にしていわれなき苦痛を受ける相当なリスク　ある刑罰に挑戦する基本的標準（baseline criterion）は、それが人の生命の単なる消滅に対する不必要な拷問または長びかせる死を科しているかどうかである。現代の英米法の伝統的な人間性は、死刑判決の執行時に不必要な苦痛を科すことを禁止する。【4】レスウェーバ（フランシス）判決（相対的多数意見）。〝可能な限り処刑は瞬時で事実上苦痛がなく死それ自体を生じる〟ものでなければならない。死刑は〝不必要でいわれなき苦痛を科すものであってはならない。〟【7】グレッグ判決一七三頁。

もっとも、ただ一回の事故だけで処刑方法が内在的に残虐であるということにはならない。しかし、処刑方法に内在する不必要な苦痛を囚人が受けることを予想できる相当なリスクがあれば、その処刑方法は残虐で異常な刑罰の禁止に違反する。

彼らの処刑が現に不必要な苦痛をもたらすであろうという立証は囚人に要求されない、人間の身体は電流に均等に反応しない、そしてむろん裁判所が相談できる処刑について説明する最初の人間（first person）はもはや存在しない。そうであるから、裁判所は可能性で処理しなければならない。残虐で異常な刑罰の禁止は、不必要な苦痛を科すことから死刑囚を保護するのである。

(2)　品位の発展的規準　残虐で異常な刑罰の禁止は静的な概念でない。〝その意味は成熟社会の進歩を示す品位の発展的規準から引き出さなければならない。〟トロップ判決一〇一頁。裁判所は、刑罰は残虐で異常であるという主張を〝現代の人間の知識に照らし〟評価しなければならない。ロビンソン判決六六六頁。

現代の価値に関する裁判所の評価は主観的であるとの州の主張は不正確である。合衆国最高裁はこの点の調査のために客観的基準に注目している。その中で最も信頼できるのは、この国の議会によって制定された立法である。二〇〇二年の【13】アトキンズ判決を見よ。過重な刑であるとの主張は現に一般的に普及している品位の基準の下で判断されると最高裁は述べてきたことをわれわれは是認する。しかし、最高裁は、州の主張と異なり、品位の発展的基準は処刑方法にも関係があることを示してきた。すなわち

当裁判所は、第八修正の中で具体化されている禁止を一八世紀において一般に違法とされていた〝野蛮〟な方法に限定しなかった。その代わりに、同修正は流動的かつダイナミックな方法で解釈されてきたのである。当裁判所は当初、〝生命ある原理はそれを生み出した損害（mischief）より広く適用されなければならない〟ことを認めた。【3】ウィームズ判決。それ故、〝残虐で異常〟な刑罰を禁止する条項は時代遅れの意味に固定されるのではなく、世論が人道に適った正義によって啓蒙されるにつれて意味を獲得するのである。【7】グレッグ判決一七一頁。

合衆国最高裁は今まで、州議会の一致した否定はその方法が残虐で異常な刑罰であるかに無関係であると判示したことは一切なかった。キャンベル判決（上告受理否定に対するブラックマン反対意見）を見よ。最高裁は、ある処刑方法が異常であるかどうかを銃殺刑への挑戦で検討してきた。【1】ウィルカーソン判決を見よ。そしてグレッグ判

決においても最高裁は、死刑はいかなる状況下においても残虐で異常であるとの挑戦を退けた。多くの州の死刑宣告手続を無効とした【6】ファーマン判決での最高裁の判断に従うために、三五の州議会が新しい死刑制定法を施行したことを最高裁はその理由の一部として挙げたのである。

品位の発展的基準はネブラスカ州憲法の下で不均衡な刑罰の主張に対してのみ適用されると判示することには応じられない。われわれは、品位の発展的基準は州の意図した処刑方法が不必要でいわれなき苦痛を科しているという主張に適用されると結論する。適用されない（otherwise）と判示するのは、死刑はその峻厳性および不可変更性の両者において異なるというファーマン判決以降の一貫した合衆国最高裁判例と矛盾することになろう。刑罰が残虐で異常たりうる前にすべての州によって拒絶されなければならないというのであれば、残虐で異常な刑罰の憲法上の禁止は無意味となろう。

発展的基準に関し「一九四九年までに二六州がその執行方法を絞首から電気処刑に変更したが、電気処刑を採用した州はないことを証拠は示している。」その代わりに各州はそれぞれ処刑方法として致死ガスを採用し始めた。一九七三年までに一二州が致死ガスを採用し、二〇州が電気処刑を採用しつつある。次いで、一九七七年に致死薬物注射が導入された。

「一九九九年までに、死刑を認めている三八州のうち三四州が選択刑として、または唯一の処刑方法として致死薬物注射を提案し、四州だけが唯一の処刑方法として電気処刑を是認した。二〇〇〇年にジョージア州は、二〇〇〇年五月一日に又はそれ以降に犯された死刑適用犯罪に対する唯一の方法として電気処刑から致死薬物注射に変更した。フロリダ州も二〇〇〇年に、死刑を宣告された者が積極的に電気処刑を選択しない限り、電気処刑から致死薬物注射に切り替えた。最後に、アラバマ州が二〇〇二年にフロリダ州の提言（lead）に従った。それ故、二〇〇二年七月一日の段階で、ネブラスカ州は合衆国において、唯一の処刑方法として電気処刑を採用するただ一つの州である。」

フロリダ州での〝やり損なった〟電気処刑のおそろしい物語に反応して若干の州は致死薬物注射を選択した。Provenzano v. Moore. 744 So.2d 413, 450（Pariente, J. 反対意見）を見よ。〝少なくとも不必要な苦痛を引き起こしそうにない最も人道的な処刑方法としてあまねく（universally）認められていることを理由に〟裁判所は致死薬物注射に切り換えたことが指摘されていた。

社会の価値の変化に直面すると、われわれは、その唯一の処刑方法として電気処刑を維持している最後の州としてのネブラスカ州の地位を無視できない。しかし、これがわれわれの唯一の検討事項でない。われわれはまた、電気処刑が第八修正の〝人間の尊厳〟と調和するかを検討しなければならない。【17】グラス判決（ブレナン反対意見、マーシャル同調意見）一〇八五頁を見よ。

(3)　人間の尊厳　〝刑罰は人間の尊厳に合致したものでなければならない〟このことは残虐で異常な刑罰の禁止の根底にある基本的観念である。【7】グレッグ判決一七二頁（【5】トロップ判決を引用する）を見よ。【4】レスウェーバ（フランシス）判決での四裁判官の反対意見は〝不必要にして残虐な方法によって人の生命を奪うのは、文明化された人間の最も基本的な本能にショックを与える。それは自己統治の人々（self-governing people）の憲法的手続の下で可能とされるべきではない〟と述べた。合衆国最高裁は、不必要な物理的暴力を伴なう首切り、四つ裂き刑、四肢切断のような野蛮な刑罰を黙示に非難していた。【1】ウィルカーソン判決を見よ。ブレナン裁判官が指摘したように、そのような暴力がもたらす苦痛いかんにかかわらず、基本的な人間の尊厳の観念は有罪とされた人の身体の切断や蛮行を最小のものとすることを州に命じているのである。【17】グラス判決（ブレナン反対意見）一〇八五頁。

たとえそれらが意図的な苦痛（conscious pain）をもたらすものではないにしても、野蛮な刑罰には人の体を切断するような刑罰が含まれていることに同意し、われわれは、そのような刑罰は第八修正の人間の尊厳の基準に合致しないと結論する。

4 結　論

(1) われわれは、電気処刑は不必要な苦痛の相当なリスクを示しているばかりか、その無目的の物理的暴力および囚人の身体の切断を伴なう点において不必要な刑罰であると結論する。電気処刑の証明済みの身体の黒焦げ（burning and charring bodies）は品位の発展的基準および人間の尊厳の両者に合致しない。他の州は、苦痛のない瞬時の死亡に関する当初の前提は不正確であり、かつ死刑を執行するそれより人道的な方法のあることを認めてきた。現代の科学的知識の下で検討すると、州の刑務所の〝処刑室での電気処刑〟は、それ自体、フランケンシュタイン男爵の実験室での恐竜に似ていることが立証されている。われわれは、電気処刑はネブラスカ州憲法の残虐で異常な刑罰であると結論する。

(2) 電気処刑は残虐で異常な刑罰であると結論したので、われわれは、本件控訴をどのように処理するかの問題に直面している。ネブラスカ州は現在、憲法上受け容れられないマータの処刑方法を規定しているけれども、第一級謀殺罪での有罪および死刑はネブラスカ州制定法と合致して適切に宣告されたという事実は残っている。われわれはすでに彼の有罪判決を維持している。彼の死刑判決は現行法の下では実施できないけれども、それは依然有効である。

ネブラスカ州法の下で判決を宣告する合議体（the sentencing panel）は、死刑または終身拘禁刑を定めることができる。合議体の宣告権限はそのこと以上に及ばないから、死刑を科す方法はその宣告の不可欠の部分でない。そして死刑を科す方法として電気処刑を特定している制定法は、公判裁判所が被告人に刑を言い渡す手続とは別の手続でかつ両者は分離可能である。要するに、処刑方法が残虐で異常な刑罰であるというのは〝刑の執行の合法性にのみ関係があり、刑それ自体の有効性に関係がない。〟死刑判決を言い渡した点に誤りがないと認めたのであるから、われわれは地方裁判所の判断を維持する。

死刑適用事件での直接の上訴に関するわれわれの責任は、有罪および量刑の有効性以上に及ぶ。われわれには刑の執行期日を定めて死刑執行令状（a death warrant）を発することによって死刑の実行（implementation）を監督する義務もある。われわれは、かかる義務を履行する際に、電気処刑が合憲であるかを検討してきた。州はもちろん、憲法上受け入れられる処刑方法がなければマータの死刑宣告を実行できない。

それ故、われわれは原判決を維持するけれども、刑の執行期日を特定することには応じられないのでマータの処刑執行を停止する。州が執行期日の特定を申し出るとき、そのような申し出に対する他の要件に加えて、州はマータの死刑宣告を実行できる憲法上受け入れられ方法が利用可能であることを立証し、かつその用意をすべきである。

(3)　マータの死刑判決は維持される。しかし、われわれの政治制度の下において議会は死刑を維持することに賛成できるが、憲法上の権利を侵害する死刑を創設できない。死刑囚が無実の被害者を苦しめた（suffer）のと丁度同じような方法で死刑囚を苦しめ処刑したい誘惑のあることはわれわれも認める。しかし残虐行為を自ら実行せずに残虐行為を処罰するというのが文明化された社会の特質である。有罪とされた囚人は、彼らの犯罪いかんにかかわらず、拷問によって死に至らしめてはならないのである。

そして多くの有罪とされた死刑囚にとって、無意識と死亡は瞬時でないことを証拠は明らかに立証している。これらの死刑囚は、電気処刑されるとき、高圧の電流が人間の身体に流されるという拷問を意識のあるまま（consciously）科せられることになろう。電気処刑は強度の苦痛と激しい苦悶をもたらすことを証拠は示している、それ故、処刑方法としての電気処刑はネブラスカ州憲法第一条第九節に違反する残虐で異常な刑罰であることになる、憲法上受け入れることのできる処刑方法がなければマータの死刑判決は停止されるのである。

第四節　致死薬物注射の合憲性

以上詳述したように、アメリカではニューヨーク州法を皮切りとして絞首刑を廃止しそれより人道的と考えられる処刑方法に次第に移行し、今日ではほぼすべての法域において致死薬物注射による処刑方法のみが採用されている。そしてケンタッキー州での致死薬物注射による処刑方法の合憲性を肯定したのが二〇〇八年のベイズ判決である。米国唯一のメーカーである製薬会社ホスピラが国内でのチオペンタールの製造を中止しイタリアの工場に製造拠点を移そうとしたところ死刑を廃止しているイタリア当局が死刑執行で使われないことを条件にしていたため、同社は製造を断念したことについては前述した。このような状況下に従前のチオペンタールナトリウムに代えてミダゾラムを用いた致死薬物注射の合憲性を肯定したのが二〇一五年六月二九日のグロシップ判決である。

そこで以下、ひとまず両判決を詳しく紹介しておく。

【20】ベイズ致死薬物注射合憲判決（二〇〇八年四月一六日）

【事　実】　他の三五州および連邦政府と同様にケンタッキー州は若干の犯罪に対して死刑を科すことを選択した。これらの各州および連邦政府に関して真実であるようにケンタッキー州は、長年かけて死刑判決の執行方法をより人道的な処刑方法に変えた。このような処刑方法の変化によって今日では死刑を科しているすべての法域において致死薬物注射の使用が実現されることになった。

いずれも二重殺人（double homicide）で有罪とされた本件上告人両名——ベイズ（X）とボウリング——は、致死薬物注射の手続は、意図どおり適用されれば人道的な死をもたらすであろうことを認めている。しかし彼らは、致死薬物注射による処刑方法ないしそのプロトコールは、その実施方法の要件に十分従い得ないため重大な苦痛が生ずるリスクがあることを理由に、〝残虐で異常な刑罰〟を禁止する第八修正の下で違憲であると主張する。彼らは、それに代えて、今までいかなる州によっても採用されておらず、かつ試みられたこともない処刑手続の採用を提案するのである。

公判裁判所は広範な審理手続を開き、詳細な事実認定の上で〝道徳的、宗教的、または社会的理由で死刑に反対する人を満足させる合理的な処刑方法はないが、ケンタッキー州の手続は残虐で異常な刑罰を禁止する憲法上の要件に合致している〟と結論し、州最高裁もこれを維持した。

本件上告人両名は、州および連邦の副次的救済手続（collateral remedies）を使い果たした後で、ケンタッキー州フランクリン巡回区裁判所に三人の州公務員を訴え、致死薬物注射のプロトコールは違憲であるとの宣告を求めた。事実審裁判所は、数多くの専門家を含むおよそ二〇人の証人の証言が認められた七時間に及ぶ裁判官による公判後に、処刑手続の不適切な執行に関する各主張につき、いずれも最小の危険しかないと認定し、当該プロトコールを是認した。これに対する上訴を受けてケンタッキー州最高裁は、〝不必要でいわれのない苦痛や拷問ないし長びかせる死をもたらす実質的リスクがあるとき〟そのような処刑方法は第八修正に違反すると述べた上で、この基準を採用して原判決を維持した。

これに対し合衆国最高裁は、ケンタッキー州での致死薬物プロトコールは第八修正の要求を満たしているかを判断するために上告受理の申立てを容れ、七対二で原判決を維持した。なお、ロバツ首席裁判官（ケネディ、アリトー両裁判官同調）が判決を言い渡したが、結論に同調した他の裁判官の見解もその一部を順次紹介しておく。

【判　示】　(1)　A　一九世紀の中頃には絞首刑が合衆国におけるほぼ普遍的な処刑方法であった。一八八八年にニューヨークは、〝現代の科学によって知られている死刑判決を効果的に実施する最も人道的な方法〟を調査するため知事によって選任された委員会の勧告に従って、死刑の方法として電気処刑を是認した最初の州となった。一九一五年頃には〝電気処刑は絞首刑よりも苦痛が少なくより人道的であるとの十分根拠のある考え〟に動機付けられて他の一一州がこれに続いた。

絞首、銃殺、および致死ガスを含む処刑方法が用いられたことはあったが、電気処刑がほぼ一世紀にわたり主要な処刑方法だった。しかし、合衆国最高裁が改めて死刑判決の合憲性を肯定した一九七六年の【7】グレッグ判決以降、各州議会は人の死を確保する手段としての電気処刑を見直すべしとの国民の声に応じ始めた。「一九七七年にオクラホマ州議会は、オクラホマ大学医学部麻酔科の科長と相談後に、処刑方法として致死薬物注射を採用する最初の法案を提出した。今では三六州が死刑を執行する唯一のまたは主たる手段として致死薬物注射を採用しているので、それが合衆国における群を抜いた最も一般的な処刑方法となっている。それはまた連邦政府によって用いられている方法でもある。」これら三六州のうち少なくとも三〇州（ケンタッキー州を含む）は、致死薬物注射プロトコールにおいて同一の三種類の薬物の組合わせ方法を用いている。最初の薬物であるチオペンタールナトリウムは、即効性の精神安定鎮静剤で致死薬物注射のために用いられる相当量が投与されると深い昏睡のような無意識状態になる。第二の薬物であるパンクロニウム臭化カリは、すべての筋肉骨格活動を妨げる麻酔剤で横隔膜を麻痺させることによって呼吸を止める。第三の薬物である塩化カリウムは、心臓の収縮を刺激する電気信号に介入し心拍停止をもたらす。最初の薬物が適切に投与されると、死刑囚は、第二、第三の薬によってもたらされる麻痺や心拍停止に伴ういかなる苦痛も体験しない。

Ｂ　ケンタッキー州は一九九八年に電気処刑を致死薬物注射に変更した。ケンタッキー州法は、処刑時に用いられる薬物ないし薬物の種類を特定せず〝各死刑判決は死をもたらすに足りる薬物または組み合わせた薬物の継続的な静脈注射によって執行する〟ことを命じている。一九九八年以前に死刑を宣告された囚人には電気処刑と致死薬物注射のどちらかを選ぶ選択肢があったが、致死薬物注射には囚人が処刑期日予定日の少なくとも二〇日前に選択をすることを拒否すれば執行できないという欠陥（default）があった。

間もなくケンタッキー州矯正局職員は、前記制定法の要求に合致する書面によるプロトコール（a written protocol）の作成にとりかかった。ケンタッキー州のプロトコールは、前記三種類の薬物の注射を要求していた。本件訴訟の結果として矯正局は二〇〇四年、チオペンタールナトリウムの量を二グラムから三グラムに増やすことにした。

ケンタッキー州の死刑執行施設は、処刑室、一方向の窓で隔てられた監視室、および証人室から成る。刑務所長と副所長は、ガーテ（車輛付き担架）に縛り付けられた死刑囚とともに処刑室に留まっている。死刑執行チームは監視室から五フィートある静脈注射管を通して遠隔操作によって薬物を投与する。最初の薬物が投与され、その六〇秒後に所長と副所長の視覚による検分で死刑囚が無意識でないと判断されると、第二の薬物の注入前に三グラムの新しいチオペンタールが再び静脈に投与される。

医師は処刑の最後まで立ち会っているが、死亡を確認することを除き〝処刑行為〟に参加することは制定法によって禁止されている。心電図（EKG）が死刑囚の死亡を確証する。致死薬物注射を採用して以降、ケンタッキー州では唯一人E・ハーパだけが処刑されたが、ハーパの処刑には問題があったとする報告はなかった。

ベイズおよびボウリングはいずれも死刑適用事件の二訴因で有罪とされ、死刑を言い渡された。ケンタッキー州最高裁は直接の上訴で彼らの有罪および量刑を支持した。州および連邦での救済手続をすべて使い果たした後でベイズとボウリングは、ケンタッキー州のフランクリン巡回区裁判所においてケンタッキー州の致死薬物注射プロトコールは違憲であるとの宣告を求めて三人の州職員を訴えた。公判裁判所は七日間の裁判官による裁判でおよそ二〇人の証人の証言を受理した後で、プロトコールの不適切な執行に関する種々の主張には最小のリスクしかないと認め、同プロトコールを支持した。ケンタッキー州最高裁は、処刑の方法が〝いわれのない不必要な苦痛、拷問または長びく死をもたらす相当なリスクがあるとき、〟それは第八修正に違反すると述べた。この基準を適用して州最高裁は原判決を支持した。

これに対し合衆国最高裁は、ケンタッキー州の致死薬物注射のプロトコールは第八修正の要求を満たしているかを判断するために上告受理の申立てを容れた。

(2)　第一四修正のデュー・プロセス条項を介して州に適用される合衆国憲法第八修正は、〝過大な額の保釈金を要求し、または過重な罰金を科してはならない、また残虐で異常な刑罰を科してはならない〟と規定する。われわれは、死刑は合憲であるとの【7】グレッグ判決で確立された原理から始める。したがって、死刑を執行する方法がなければならない。どのような処刑方法――いかに人道的なものであるとしても――にも内在する若干の苦痛のリスクはある。それ故、憲法は処刑の実施時における苦痛のすべてのリスクを回避することまで要求していないことは明らかである。

A　当裁判所は州が選択した死刑判決の執行のための手続を残虐で異常な刑罰であるとして無効としたことは一度もない。われわれは一八七九年の【1】ウィルカーソン判決において、〝拷問、……その他それと同一線上にある不必要で残虐な刑罰は第八修正によって禁止されていることを確認することで足りる〟と指摘した。

われわれはこれらの原理を再び一八九〇年の【2】ケムラー判決で用いて、死刑という刑罰は〝何か非人道的で野蛮なもの、生命の単なる消滅以上の何かを意味している〟と指摘した。そして死刑執行の方法として電気処刑を採用したニューヨーク州法は〝より人道的な方法を探す努力の中で制定された〟ことを指摘したのである。

B　申立人はケンタッキー州によって採用された致死薬物注射または特定のプロトコールの適切な執行それ自体が残虐でいわれのない苦痛を科すとは主張していない、それとは反対に彼らは、〝もし適切に実施されれば〟ケンタッキー州の手続の下で実施される処刑は〝人道的で合憲〟であることを認めている。これは申立人側弁護人が口頭弁論で認めたように、最初の薬物であるチオペンタールナトリウムは適切に投与されると、その後のパンクロニウム臭化カリおよび塩化カリウムの投与により囚人が経験する苦痛のリスクは除去されるからである。それに代えて申立人は、この手続は適切に行われない――とりわけチオペンタールナトリウムがその意図した目的を遂げるために適切に投与されない――であろう相当なリスクがあるため、他の（第二、第三の）薬物が投与されるとき激しい苦痛がもたらされると主張するのである。現実に苦痛を与えるのではなく個人を将来の害悪のリスクにさらすことも残虐で異常な刑罰としての資格があることをわれわれの判例は認めている。そのような害悪のリスクにさらすのは第八修正に違反することを確証するためには、そのようなリスクを示す状況が〝重大な障害と不必要な苦痛を確実にもたらし〟〝十分に切迫した危険〟が生ずるものでなくてはならない。

処刑方法には苦痛が伴うという理由だけで残虐で異常としての資格がある〝客観的に耐えられない害悪のリスク〟を確証したことにはならない。一九四七年の【4】フランシス判決において当裁判所の多数意見は、機械の故障で第一回目の死刑執行の試みが失敗した後での第二回目の電気処刑の試みを支持した、誰をも非難できない事故が発生したと指摘し、悪意が認められないそのような事故は第八修正違反にはならないと結論したのである。

C　申立人らの主張の大半は、パンクロニウム臭化カリや塩化カリウムを使用しないで済ませる代替的な一つの薬物からなるプロトコールの採用および最初のチオペンタールナトリウムの投与が適切に投与されたことを確認するために訓練を積んだ職員の監視によって除去できる重大な害悪のリスクのあることを明らかにしたことに尽きる。第八修正の下で提起可能な害悪のリスクの性質に関してわれわれの判例が述べてきたことに照らし、ごく僅かなより安全な代替物を示すことによって州の処刑方法への挑戦に成功することはできない。

代替的手続は実行可能であり、かつ容易に実行できるものでなければならない。そして現に、激しい苦痛の実質的リスクを大きく除去するものでなければならない。もし州が、このような証明済みの長所（documented advantages）

が明々白々であるにもかかわらず、現行の処刑方法に固執する正当な理由なしに、そのような代替物の採用を拒否するのであれば、そのような州の処刑方法の変更の拒否は第八修正の下での〝残虐で異常〟とみなされうる。

(3) これらの基準を本件事実に適用するに当たり、われわれはまず最初に、現に一般的に広く許容されている実務を〝客観的に耐えられない〟とみなすことは困難であることを指摘しおく。「死刑を是認する三六州は、好ましい処刑方法として致死薬物注射を採用している。連邦政府も同様に致死薬物注射を用いている。このような広汎なコンセンサスは、処刑の方法だけでなくケンタッキー州によって用いられている三種類の薬物の組み合わせにも及んでいる。」中立人によって今頃になって（belated）主張されている一つの薬物によるプロトコールを採用した州はない。このようなコンセンサスは、中立人によって主張されている代替物に関して決定的とまでは言えないが証拠価値（probative）はある。

A　チオペンタールナトリウムの不適切な投与のリスクがあると中立人は主張する。施設も訓練も十分でなく、チオペンタールナトリウムが投与された後で死刑囚の麻酔の程度を監視する信頼できる方法をケンタッキー州は用意していないことを理由とする。州の公判裁判所は、しかし、チオペンタールナトリウムの再液状化（reconstitution）に関する製造者の指示に従っておれば不十分な混合に関して最小のリスクしかないと認めた。この認定を明らかに誤っているということはできない。

州の専門家証人の三人は、浸潤の確認は普通の人であっても、〝それがもたらす血管の膨らみ（swelling）を見ると極めて明らか〟であると証言した。ケンタッキー州のプロトコールは、もし死刑囚が六〇秒以内に意識を失わなければ予備の静脈注射筒に再び薬物を入れる命令をとくに刑務所長に要求している。これらの保護手段に照らし、中立人によって主張されているリスクは極めて実質的で切迫しているため第八修正違反に相当するということはできない。

B　また申立人の主張する代替物をケンタッキー州が採用していないことによって州の処刑方法が残虐で異常であるということにはならない。いずれにせよ、一つの薬物だけを採用している州のないこと、かつそれが処刑に関する同様に効果的方法であることを示す研究成果を申立人が提出していないとき、州側による三種類の薬物プロトコールの継続的使用は「客観的に容認できないリスク」を示していると考えることはできない。

＊　＊　＊　＊

善意の合理的な人々は死刑の倫理性およびその効果に同意していないし、死刑に反対する多くの人々にとって受け入れることのできる処刑方法はない。しかし当裁判所は、死刑はわが憲法の下で禁止されていないと判示し、各州はその死刑の制裁を特定する方法を制定できると判示してきた。法律を制定する州の権限は、もし州がそれらを実施できないのであれば、ほとんど意味がなくなる。死刑を実施する州の努力は第八修正に確実に合致したものでなければならない。しかし、第八修正が禁止しているのは、いわれのない〝客観的に容認できないリスク〟にさらすことであり、単なる苦痛の可能性ではない。

「ケンタッキー州は最も人道的に利用できると信じられている処刑方法を採用した。それは他の三五州と共有する処刑方法である。想定どおりに執行されれば、この手続は苦痛のない死をもたらすものであることに申立人は同意している。」

われわれの歴史を通じて、処刑方法を残虐で異常であるとして当裁判所において挑戦されたとき当裁判所は常に、そのような挑戦を退けてきた。「それにもかかわらずわれわれの社会は死刑を執行するより人道的な方向に歩み続けてきた。銃殺刑、絞首刑、電気椅子、そしてガス室は順次より人道的な方法に道を譲り、本日の致死薬物注射に関するコンセンサスで頂点に達したのである。」第八修正の広汎な枠組は、より人道的な処刑方法に向けてのこのような進歩に順応してきた。そして過去における特定の方法に関するわれわれの是認は、新しい発展に照らし、人道的な死刑を保障するために相当と考える方法を議会が採用することを妨げていない。本日の判断がこれと異なると考える理由はない。したがって、ケンタッキー州の手続は第八修正と一致するという下級審の結論は維持される。

【アリート裁判官の同調意見】　私は多数意見に加わるが、本件判断をいかに実行されるべきかに関する私見を説示するために別途意見を書くことにする。

【スティヴンズ裁判官の同調意見】　本件は論争を終らせたのではなく、三種の薬物プロトコールの合憲性、とりわけ麻酔剤であるパンクロニウム臭化カリの使用の正当化理由に関する論争のみならず、死刑自体の正当化理由に関する議論を生じさせるものであることを、私は今では確信している。

Ⅰ　（略）

Ⅱ　われわれは一九七六年の【7】グレッグ判決において、刑事制裁が正当な行刑機能に役立たないのであれば第八修正に違反する〝いわれなき苦痛を科す〟ことになると説明した。われわれは次いでこれらの死刑に対する社会の目的を制裁としての無害化（incapacitation）、抑止、および応報と同一視した。しかしながら、その後の三〇年間において、これらの理由付けは疑問視されるに至っている。

無害化は一九七六年には正当な理論的根拠であったかもしれないが、パロールの可能性のない終身刑を提供する最近の立法の増加は、無害化は死刑に対する必要な正当化理由でもなければ十分な理由でもないことを示している。（なお、四八州は今ではパロールのない何らかの形での終身刑を有しており、これら制裁法の多くはこの二〇年間に制定されたものである。）さらに最近の世論調査によれば、パロールの可能性のない終身刑が代替案として提示されると、死刑支持が大きく下落することを示している。そして利用できる社会学的証拠によれば、陪審は、量刑としてパロールのない終身刑が利用できるとき死刑を科さない傾向にあるという。死刑に対する正当化理由としての抑止の正当性にも疑問がある。この分野における三〇年に及ぶ経験的調査にもかかわらず、死刑が現に犯罪予備軍（potential offenders）を抑止するという信頼できる証拠はない。このような証拠の欠如に照らし、とりわけ取り返しのつかない死刑という刑罰に対する行刑学上の正当化としても抑止は役立たない。

そこで死刑を科す第一の正当化理由としての応報の問題が残されている。そして実際、応報は死刑を支持する最も普遍的な根拠である。「デニング卿が一九五〇年に論じたように〝極めて凶悪な犯罪があるため、抑止効があるかどうかにかかわらず、犯人はそれに値することを理由に、社会は（死刑が）相当な刑罰であることに固執する〟のである。……われわれの第八修正は、死刑を科しうる犯罪の種類を次第に限定し、一定の加重事由によって定義される極悪の犯罪を犯した者に限ってきた。死刑を求める検察官にとって最も説得力ある主張を提供するのは被害者への残虐な取扱いである。そのような凶悪な犯罪に対する当然の反応が復讐への渇望である。」

しかしながら、首席裁判官やギンズバーグ裁判官の思慮深い意見が示しているように、われわれの社会は同時に、苦痛を伴う公開の応報からより人道的な刑罰形態の方向へと移動してきた。それ故、州によって是認される殺害はますます時代遅れとなっている。品位の発展的基準の線で処刑をする試みでわれわれは次第に、より苦痛の少ない処刑方法を採用してきたのであり、そしてそのとき従前の方法を野蛮で原始的（archaic）と宣言してきた。しかし、比較的苦痛のない処刑を要求することによってわれわれは必然的に、死刑囚が被害者に与えた苦痛と比較できる何らかの処罰を受けることから死刑囚を保護することになる。このような傾向は妥当であり、第八修正の残虐で異常な刑罰の禁止によって要求されるものではあるが、現実には国民の是認する応報理論の前提そのものをほり崩すことになる。

Ⅲ　刑罰は過重で有効な立法目的に役立たないのであれば、それは残虐で異常たりうる。われわれは最近、二〇〇二年の【13】アトキンズ判決において、死刑は精神遅滞者に対する過重な制裁であると判示した際に、死刑は一六歳の女性を強姦する犯罪（【8】コカ判決）や殺人の意図のなかった犯罪者に対しては、過重な刑であると判示したホワイト裁判官によって書かれた意見に大きく依拠した。これらの判決においてわれわれは、〝客観的証拠は重要であるけれども、論争を完全に解決するものではないことを認めた、けだし、憲法は結局、われわれ自身の判断が第八修正の下での死刑の許容性に関してかかわりがあると考えているからである。〟

ホワイト裁判官は全米での死刑の見直しに導いた【6】ファーマン判決で決定的投票を提供した一九七二年に、彼自身の判断を示した。私は、ホワイト裁判官の見解に同意する。

私にとってとくに関心のあるのは、地域社会の正しい横断面を代表する陪審員による裁判を被告人から奪うことになるルールである。理由付きおよび専断的忌避の両者にかかわる争いは、〝死刑容認陪審〟を獲得する手続は現実には有罪の方向に傾く陪審を獲得する効果のある手続であることを私は確信する。死刑評決は無作為に選任された一二人の陪審員によってめったに下されないであろうとの検察側の関心事は、この刑罰は加重であるとの結論を裏付ける客観的証拠として考えるべきである。

他の重大な関心事は、死刑事件での誤りのリスクは他の事案より大きいかもしれないということである。第三の重要な関心事は、死刑の差別的適用のリスクである。最後に、これらの事案における誤りの現実のリスクに照らし、その結果の取り返しのつかない性質は私にとって決定的に重要である。無実の被告人が実際に処刑されたかどうかにかかわらず、近年において集められた多くの証拠によれば、死刑判決で有罪と認定された相当数の被告人が後に無実を晴らした（exoneration）ことを示している。

Ⅳ　死刑自体の合憲性に関して私が到着した結論は、本件での私の判断をとりわけ困難にしている。しかし、それは依然としてわれわれの法の一部である先例を拒否することへの正当化理由にはならない、当裁判所は、死刑は合憲であると判示してきたのであり、特定の処刑方法の合憲性を評価する枠組みを確立してきたからである。したがって私は、当裁判所の判断に加わる。

【スカーリア裁判官同調意見】（トーマス裁判官同調）　私はトーマス裁判官に同調する。私が本意見を別途書くのはスティヴンズ裁判官の意見に答える必要があると考えるからである。

【トーマス裁判官同調意見】（スカーリア裁判官同調）　私は、ケンタッキー州の致死薬物注射のプロトコールは第八修正に違反することを申立人らは立証しなかったことに同意するけれども、私が別途意見を書くのは支配的な基準に関する多数意見の記述（formulation）に賛同できないからである。私の理解するところによると、多数意見は、容易に利用できる代替的方法を採用することによって相当軽減できるにもかかわらず、激しい苦痛の相当なリスクをもたらすような処刑方法は第八修正に違反するとする。この基準には〝残虐で異常な刑罰〟に関する当初の理解や従前の処刑方法に関する事案の中にその裏付けがない。私見によれば、処刑方法が第八修正に違反するのは、それが意図的に苦痛を科すことを故意に意図したときに限られる、したがって、私は本判決の結論だけに加わる。

【ブライア裁判官の同調意見】　申立人は、死刑という刑罰自体の合法性を前提にケンタッキー州の致死薬物注射による処刑方法は憲法上禁止されている〝残虐で異常な刑罰〟に相当すると主張する。このような主張をどのように（how）吟味すべきかに関して、私はギンズバーグ裁判官に同意する。彼女は、処刑方法が激しい不必要な苦痛を容易に回避できるリスクを生ずるかという関連問題を強調する。これらの関連事情――〝リスクの程度〟〝苦痛の大きさ〟および〝代替物の利用可能性〟――は相互に関連しており、それぞれが考慮されなければならないということには同意する。ただ、本件で提示された主張の法的メリットは、事実および証拠に基づかなければならないと考える。そして私は、ケンタッキー州の処刑方法が申立人の主張するように激しい苦痛をもたらす相当かつ不必要なリスクをもたらすことを認めることができないのである。

要するに、私は、本件記録上ないし利用できる文献上、ケンタッキー州の致死薬物注射の処刑方法が不必要な苦痛のリスクを生ずるという十分な理由を見い出すことができないのである。もちろん、例えば、死刑という刑罰自体、被告人を処刑するという重大なリスクを伴う。しかし死刑の合法性は、本件の争点でない。そして申立人の提出する証拠は、死刑を適用するケンタッキー州の方法が〝残虐で異常な刑罰〟に相当することを示していない。

【ギンズバーグ裁判官の反対意見】（スータ裁判官同調）　「ケンタッキー州の三種類の薬物による致死薬物注射プロトコール（three-drug lethal injection protocol）で用いられる第二、第三の薬物であるパンクロニウム臭化カリおよび塩化カリウムは、意識ある死刑囚に激痛をもたらすであろうことに争いはない。パンクロニウムは肺筋を麻痺させ、徐々に窒息状態を引き起こす。塩化カリウムは身体内を循環するにつれて灼熱感と激しい痛みを引き起こす。両者の使用は〝憲法上受け入れられない〟であろうことを多数意見は認めている。」

「ケンタッキー州プロトコールの合憲性は、それ故、死刑囚がプロトコールでの最初の薬剤であるチオペンタールナトリウムによって十分に麻酔がかかった（adequately anesthetized）といえるかにかかっている。ケンタッキー州の制度は合憲である、けだし〝申立人らは最初の薬剤の量が不十分であるリスクは相当ある（substantial）ことを立証していない〟からであると多数意見は述べている。私は、問題のリスクの性格に照らし、本件をこれほど迅速に処理したくない。ケンタッキー州プロトコールは、第二、第三の薬物の注射の前に死刑囚が無意識であることを確証するために他の州によって用いられている基本的な安全装置を欠いている。したがって、私は、ケンタッキーのこのような安全装置の欠如は容易に回避できる激しく不必要な苦痛のリスクをもたらすかを検討するという説示付きで、原判決を無効とし差し戻したいと考える。」

Ⅰ　当裁判所が今まで特定の処刑方法の合憲性を検討したのは三件の事案に限られている。これらの事案および両当事者によって引用されている他の判決は、申立人らのケンタッキー州の致死薬物注射のプロトコールに対する異議申立てを支配すべき基準に関する指針をほとんど提供していない。

当裁判所は一八七九年の【1】ウィルカーソン判決において、銃殺執行隊（firing squad）による死刑は第八修正によって禁止されている〝残虐で異常な刑罰〟ではないと判示した。そのように決定した際に当裁判所は、〝残虐で異常な刑罰を科してはならないとする憲法上の規定の範囲を正確に定義する〟努力をしなかった。しかし、当裁判所は〝拷問……その他それと統一線上にある不必要な残虐行為はすべて禁止される〟ことを〝確認することで足りる〟と述べた。次に一八九〇年の【2】ケムラー判決において椅子電気による処刑方法が攻撃された。当裁判所は、第八修正は〝拷問〟および〝長びかせた死〟を禁止していることを繰り返し、さらに〝残虐〟という言葉は〝単なる生命の消滅以上の何か非人道的なものを含む〟と指摘した。これらの一文（statements）は、しかしながら、ちなみに（en passant）指摘されたものであった。ケムラー判決裁判所の実際の判示は、第八修正は州に適用されないということであり、これはわれわれがそれ以降繰り返し否定してきた命題である。そして最後に一九四七年の【4】フランシス判決において当裁判所は、死に至らしめなかった最初の試みに続く再度の電気椅子による処刑に対する第八修正および第一四修正の挑戦を退けた。同事案での多数意見は最初に〝現代の英米法の伝統的な人間性は死刑の執行の際に不必要な苦痛を与えることを禁止している〟と述べた。しかしまさにそれに次ぐ一文で表現形式（formulation）を変えた、すなわち、それは〝いわれなき苦痛を与えることの禁止（prohibition against the wanton infliction of pain）〟があることに言及したのである。

死刑方法の合憲性を判断するための明確な基準は、これらの判決から出てこない。さらに各判決の言い渡し年は、現在の論争の解決の助けとしてのそれら判決の有用性を限定している。われわれが一九五八年の【5】トロップ判決で判示したように、第八修正は、〝成熟社会の進歩を示す発展的基準からその意味を引き出さなければならない。〟ウィルカーソン判決は一二九年前に言い渡された、ケムラー判決は一一八年前、そしてレスベーガ（フランシス）判決は六一年前だった。われわれの従前の処刑方法に関する判例が投げかけた小さな光は、それ故、時の経過によってかすんでいる（dimmed）のである。

より最近の判決、例えば、一九七六年の【7】グレッグ判決からさらなる文言や基準が引き出されうる。同判決の相対的多数意見は、抽象的な意味での死刑判決に言及して、第八修正は〝不必要でいわれなき苦痛を科すことを〟禁止すると述べた。同意見はまた、死刑判決は〝恣意的で気まぐれな方法で科せられるであろう実質的リスクを生ずる量刑手続の下で科すこと〟はできないと警告した。

グレッグ判決およびそれ以前のわれわれの先例に依拠してケンタッキー州最高裁は、処刑手続が〝いわれのない不必要な苦痛、拷問または長びく死の実質的リスクを生じる〟のであれば、そのような処刑手続は第八修正に違反すると述べた。本件申立人らは〝(a)リスクをもたらす苦痛の程度、(b)そのような苦痛が生ずる可能性、および(c)代替手段が利用できる範囲を裁判所は考慮すべきである〟と主張した。多数意見は、〝重大な害悪の実質的リスク〟を要求し、〝実現可能で容易に実行できる代替物〟がかかるリスクを著しく減少できるかを検討することによって、この両者のどこか中間の地点で解決（settles somewhere in between）しようとする。

私は、リスクの程度、苦痛の大きさ、代替物の利用可能性が考慮されなければならないという点で申立人および多数意見に同意する。しかし私は、〝実質的リスク〟の基準が第一の要素に対する不動の前提要件（fixed threshold）を設定しているという範囲において多数意見と見解を異にする（part ways）。三つの要素は相互関係にある。すなわち一つの要素に関する強力な立証があれば他の要素の重要性は減少する。

処刑方法としての致死薬物注射は、ほとんどの事案において苦痛のない死をもたらすことが期待されうる。死刑囚の意識に関する誤りの結果が極めて重大（horrendous）であり、かつ第二の薬物の注射後においても効果的に発見できないような誤りは、稀ではあるが、生じうる。リスクの程度や苦痛の大きさに反対する見解（opposing tugs）

があることに照らすと、本件での決定的問題は、利用可能な代替物が存在するかである。多数意見の指摘する〝ごく僅かのより安全な代替物〟では不十分である。もっとも、容易に利用できる方法を採用することによって本件プロトコールは苦痛をもたらさないという可能性が大いに（materially）高められるのであれば、州がこれらの方法を採用することに応じなければ、州は現代の品位の基準に従っていないことになる。

Ⅱ　ケンタッキー州の立法府は一九九八年に処刑方法として致死薬物注射を採用した。立法者は致死薬物注射のプロトコールの展開を矯正局の職員に委ねた。これらの職員は、公判裁判所の認定によると、〝科学的援助なしに〟この仕事を任された。ケンタッキー州プロトコールは他州のものをコピーしたものであり、問題視（challenge）せずに、それをそのまま受け入れた。ケンタッキー州は〝死刑囚に注入される薬物とその量〟に関して独立の科学的研究をしたり、医学的専門家に相談したりせずに、オクラホマ州によって一九七七年に最初に開発された三種類の薬物のプロトコールに〝歩調をあわせた〟他州で採用されている方法に従ったにすぎない。

ケンタッキー州プロトコールは、注意深い方法とともに始まる、すなわち、医学の専門家だけが静脈窄刺（venipuncture）を行い、静脈注射のアクセスを確証する。静脈注射のチームのメンバーは、少なくとも一年間の医学助手かＥＭＴ（緊急医療技師）等の経験がなければならない。ケンタッキー州の静脈注射のチームは現在二名で、八年の経験ある静脈採血士（phlebotomist）と二〇年の経験あるＥＭＴが各一名いる。両人は毎年一〇回行われる致死薬物注射の練習期間でカテーテルを据え付ける練習をしている。

しかしケンタッキー州は、静脈注射のアクセスを確認する資格を有した職員を使用すること以外、死刑囚がチオペンタールナトリウム薬物を効果的に投与されたことを確かめることをほとんどしていない。静脈注射のチームはカテーテルを据え付けた後、処刑室を出る。それ以降は所長と副所長だけが死刑囚とともに処刑室に留まる。所長も副所長もいかなる医学的訓練も受けていない。所長は専ら視覚による観察に依拠して死刑囚が無意識に見えるかどうかを判断する。意識があるかについて、臭化カリの注射以前にそれ以外のチェックは行われない。死刑囚の名前を呼んだり彼と握手したり、彼のまつ毛に触れたり、不快な刺激物を与えて反応をみるなど一切行われていないのである。

第二の薬物を注入する前に所長の視覚だけによる観察を補う調査は容易に実行できるし、そのことによって激しい痛みのリスクを減少できる。臭化カリはすべての筋肉運動を妨げる強力な麻痺薬である。一たん注入されると囚人の意識に関するその後のモニターは実行できなくなる。たとえ死刑囚に意識がありかつ極度の苦痛があるとしても、肉眼では分からない。

他の諸州は、第一回目と第二回目の薬物投与の間の観察の機会（window）の重要性を是認し、ケンタッキー州プロトコールには含まれていない安全装置を採用している。フロリダ州では、死刑囚は本当に無意識であることを所長が相談後に認定できるように、第一回目と第二回目の薬物投与の間に少し休みを設けている。所長は死刑囚のまつ毛に触り、彼の名前を呼び、彼をゆさぶることによって、このことを確かめる、もし死刑囚の無意識になお疑いがあれば、医療チームのメンバーが薬品室から出てきて、死刑囚の評価について相談する。ミズーリ州では、医師が死刑囚の無意識を確かめるために通常の医療技術を用いて死刑囚を直接診察しなければならない。第二回目と第三回目の薬物は、死刑囚が無意識であることを確認後に、そして最初のチオペンタールナトリウムの注入から少なくとも三分経過した後で初めて注入される。

カリフォルニア州では、静脈注射チームのメンバーが死刑囚のまつ毛に触れたり話しかけたり、その途中で握手したりする。そしてチオペンタールナトリウム投入完了の時点で、再度このことを繰り返す。インディアナ州では、チオペンタールナトリウムの注入後に職員が死刑囚の名前を言ったり、彼の身体に触れたり、臭覚への刺激物に対する反応を確かめるためにアンモニア錠剤を用いたりする。

ケンタッキー州のプロトコールに欠けているこれらのチェックをすることによって、最初の薬物が正しく投与されたかが確かめられるのである。これらのチェックは簡単なことであり、採用してもほとんどコストがかからない、それでいて死刑囚が臭化カリによって引き起こされる意識中の窒息の苦しみ、そして塩化カリによってもたらされる激痛にさらされるリスクを低くする働きがある。なぜケンタッキー州がこれらの初歩的な方法のいずれをも採用しなかったのかの説明が記録上存在しない。

死刑執行中に死刑囚が無意識であることを確かめる最も容易で最も明確な方法は、〝臭化カリの注入前に意識をチェックすること〟であると申立人はケンタッキー州最高裁で主張していた。同最高裁は申立人の主張に言及しなかった。私は、それ故、簡単に利用できる安全装置を採用しなかったことによって容易に回避できたいわれのない不必要な激しい苦痛を生じたかを検討するという指示の下に、本件を差し戻したいと考えるのである。

【21】グロシップ新致死薬物注射合憲判決（二〇一五年六月二九日）

本判決（Glossip v. Gross, 576 U.S. —, 135 S.Ct. 2726）は、従前のチオペンタールナトリウムに替えて新しいミダゾラムを用いる死刑執行は激しい苦痛のリスクを生じるため〝残虐で異常〟な刑罰を禁止する第八修正に違反するとして死刑確定者がいわゆる一九八三条訴訟（1983 litigation）を起こした事案につき、ベイズ判決の示した既知のより苦痛の少ない代替物を明示せず、かつミダゾラムの使用は激しい苦痛のリスクを伴うとの立証を果たしていないとして五対四で死刑の仮差止命令の申立てを退けたものである。なお、アリト裁判官執筆の法廷意見にロバツ首席裁判官のほか、スカーリア、ケネディ、トマス裁判官が同調している。

【事　実】　Ｉ　Ａ　死刑判決の処刑方法は長年にわたり変更されてきたが、州の選択した処刑方法を〝残虐で異常な刑罰〟を科すものとして最高裁が無効としたことは一度もない。【1】ウィルカーソン判決において最高裁は銃殺隊による処刑を是認した。最高裁は【2】ケムラー判決において電気椅子の使用に対する異議を退け、最初の電気処刑が成功しなかった事案でも同判示から後退（retreat）することはなかった。より最近の【20】ベイズ判決において七人の裁判官は先に述べた三種の薬物による処刑プロトコールは第八修正に違反しないことに同意した。

この分野でのわれわれの判断は、死刑の合憲性は確立しているので〝それを実行する方法がなければならない〟という認識によって一部活性化（animated）した。【7】グレッグ判決で終了した九年間の処刑の中断（9 years hiatus in executions）まで電気処刑が主要な処刑方法だった。ベイズ判決四二頁を見よ。

グレッグ判決後に若干の州は死刑判決を実行するためのより人道的な方法を再び探し始めた。それらの州はその結果（eventually）致死薬物注射を採用した、そのためこれが〝アメリカでの群を抜いた最も一般的な処刑方法〟である。致死薬物注射プロトコールは同一の三種の薬物の組合せ方法を用いている。最初の薬物であるチオペンタールナトリウム（ペンタールとしても知られる）は、即効性の精神安定鎮静剤で当量が投与されると深い昏睡のような無意識状態になる。第二の薬物であるパンクロニウム臭化カリ（パブロンとしても知られる）は、すべての筋骨格活動を妨げる麻酔剤で横隔膜を麻痺させることによって呼吸を止める。第三の薬物である塩化カリウムは、心臓の収縮を刺激する電気信号に介入し心拍停止をもたらす。最初の薬物が適切に投与されると、死刑囚は第二、第三の薬によってもたらされる麻痺や心拍停止に伴ういかなる苦痛も体験しない。オクラホマ州は一九七七年に致死薬物注射を採用し、三種の薬剤から成るプロトコールを確立した。二〇〇八年現在、致死薬物注射を用いている三六州のうち少なくとも三〇州は特定の三種の薬剤によるプロトコールを採用した。そしてわれわれは、いかなる処刑方法にも若干の苦痛のリスクは内在するので、苦痛のリスクのすべての回避を憲法は要求していないと判示してきたのである。

B　ベイズ判決は、三種類の薬剤の組合せプロトコールの使用による法的障害を一掃したが、しかし、実際上の障害がまもなく明らかとなった、死刑反対者が製薬会社に圧力をかけ、死刑判決を実行するのに用いる薬物の供給を拒否するよう働きかけたからである。三種類の薬物によるプロトコールで用いられる最初の薬物であるチオペンタールナトリウムの米国での唯一の製薬会社が、説得されて薬物の製造を中止した。同社は国内での製造を二〇〇九年に中止後に、イタリアで製造を再開する計画を立てた。そこで活動家は、同会社およびイタリア政府に対し、米国で致死薬物注射として用いられているチオペンタールナトリウムの販売を中止するよう働きかけた。この計画は成功を収めた、そして同社は二〇一一年一月、チオペンタールナトリウム市場からの撤退（exit）を明らかにしたのである。

各州はその代替物を求め、そしてチオペンタールナトリウムを他の麻酔剤ペントバルビタールに切り替えることにした。オクラホマ州は二〇一〇年一二月、ペントバルビタールを用いて死刑囚を処刑した最初の州となった。その処刑は事故なしに行なわれた、そして各州は、チオペンタールナトリウムがなくなるとペントバルビタールに切り替えた。二〇一二年に行なわれた四三件の処刑のすべてにおいてペントバルビタールが用いられたと報告されている。ペントバルビタールは、チオペンタールナトリウムと同様、プロトコールでの第二および第三の（薬物の）投与によって生ずる〝苦痛を人は感じないような昏睡状態をもたらし維持できる〟ことを申立人は認める。そして全米の裁判所は、処刑時のペントバルビタールの使用は第八修正に違反しないと判示してきた。

しかしながら間もなく、ペントバルビタールもまた使用不能となった。死刑廃止運動家がデンマークの製薬会社に処刑時の使用を禁止させるよう議会議員にロビー活動をしたからである。同製薬会社は、合衆国において処刑のために使用するペントバルビタールの積荷を阻止する手段をとった。そのためオクラホマ州は、その薬物を入手できなくなった、そして地方裁判所は、チオペンタールナトリウムとペントバルビタールの両者は今ではオクラホマ州では利用不能であると認めた。

Ｃ　チオペンタールナトリウムまたはペントバルビタールを入手することができなくなったので、若干の州はミダゾラムに切り換えた。二〇一三年一〇月にフロリダ州は、三種の致死薬物プロトコールの一部としてペントバルビタールに替えてミダゾラムを採用した最初の州となった。フロリダ州は現時点で、ミダゾラムに続いてパンクロニウム臭化カリと塩化カリウムを用いるプロトコールで一一回の処刑を果たした、さらに二〇一四年にオクラホマ州は、三種類の薬物プロトコールの一部としてペントバルビタールに替えてミダゾラムを用いている。オクラホマ州はすでに、この三種類のプロトコールを二度利用した。すなわち二〇一四年四月にロケットを、そして二〇一五年一月にウォーナを処刑した。（ウォーナは本件で仮差止命令を申し立てた四人の死刑囚の一人だった。）

ロケットの処刑は、新しい安全措置を施した処刑方法をオクラホマ州が採用する原因となった。オクラホマ州がロケットを処刑したときの州のプロトコールは、現在要求されている五〇〇ミリグラムではなく一〇〇ミリグラムのミダゾラムの投与を要求していた。処刑当日の朝、ロケットは二度〝ひじかけ椅子の曲がり角〟で自らを傷つけた。処刑チームは当日の夕方、ほぼ一時間を費やして少なくとも一二回の心臓血管組織に接着する大腿部の静脈（intravenous）内に浸透しようとした。このチームは結局、ロケットの右大腿部静脈に浸透したと考えたのでミダゾラムを投与した。そしてロケットは無意識であると内科医が判断した後で、同チームは次いで麻痺剤パンクロニウム臭化カリと塩素カリウムを投与した。ところがロケットは動いて話し始めたのである。その時点で内科医はシートをめくり上げ、〝静脈は浸潤していた（infiltrated）〟――それは〝ロケットの血流の中に入らず静脈のアクセス周辺の組織に漏れている〟ことを意味した――と判断した。処刑チームは、残りの塩化カリウムの投与を停止し、ミダゾラムが最初に投与されてからおよそ三三分後に処刑を中止した。そしてそのおよそ一〇分後にロケットは死亡を宣告された。

調査の結果、〝静脈接点ラインの確保可能性（viability of the IV access）が致死薬物注射投与の困難をもたらした唯一で最大の要素である〟ことが判明した。五か月かかった調査委員会は、オクラホマ州の処刑プロトコールの若干の変更を勧告した。オクラホマ州が申立人を処刑するのに用いる方法は、ミダゾラム五〇〇ミリグラム投与後にバンクロニウムと臭化カリと塩化カリウムが投与される。プロトコールはまた、死刑囚が後者の二種の投薬によって引き起こされうる苦痛に対し無意識であることを確保するための手続的保護装置を含む。これらの手続は、⑴最初のまたはバックアップ時の静脈カテーテルの挿入（insertion）、⑵静脈ラインの確保（viability）の確認、⑶静脈ラインが一時間以内に目で確認されなければ執行を延期する、⑷第一と第二の薬物投与の間に絶対的な間隔を置く、⑸犯罪者（死刑囚）の意識をモニターする多くの手続、および⑹処刑チームの訓練等に関する詳細な規定が含まれている。本年（二〇一六年）一月にオクラホマ州は、これらの改良された手続およびミダゾラム、麻痺剤、塩化カリウムの混合による方法を用いてウォーナを処刑した。

Ⅱ　A　オクラホマ州が二〇一四年一一月にペントバルビタールからミダゾラムに切り換えた後でオクラホマ州の四人の死刑確定囚（death row inmates）は、同州の新しい致死薬物注射プロトコールを争い、一九八三条訴訟（Section 1983 Litigation）（42 U.S.C. §1983）を起こした。オクラホマ州のミダゾラムの使用は第八修正の残虐で異常な刑罰の禁止に違反するというのである。

これら申立人の四名――グロシップ、コール、グラント、およびウォーナ――は二〇一四年一一月に仮差止命令（preliminary injunction）の申立てをした。グロシップは、彼の雇用者Tを殺害するためにSを雇った。Sは、Tが眠っている部屋に侵入し野球のバットで彼を殴り殺した。コールは、生後九か月の娘を泣きやまないと言って殺害した。コールは、彼女（娘）の背骨が半分に折れるまで死体を裏庭に引きずって行った、そして子供が死んだ後でビデオゲームを楽しんだ。グラントは、一三〇年間の拘禁刑を服役中に刑務所の食事配送主任Cをモップ入れに押し込んで何度もナイフで刺して殺害した。ウォーナは、一一か月の女の子を強姦（肛門性交）して殺害した。子供の傷には、頭蓋骨折、内頚動脈骨折、顎の骨折、引き裂かれた肝臓、打撲傷のある脾臓やすい臓が含まれていた。

オクラホマ州刑事控訴審は、殺人での有罪および死刑量刑を維持した。本件申立人は、オクラホマ州の致死薬物処刑プロトコールに対する仮差止命令を申し立てた。

B　地方裁判所は証拠を吟味後の二〇一四年一二月、仮差止命令に関する三日間の審理を開いた。同地裁はまず、一七名の証人の証言および多くの展示物（exhibits）を吟味した。麻酔専門医のL博士と薬学博士のS医師は、申立人側からミダゾラムに関する専門家証言を提供した。薬学博士のエヴァンズ医師は、被申立人に有利な専門家証言を提供した。

証拠を吟味した後で地裁は口頭で、仮差止命令の申立てを退けた。地裁はまず、ドバート判決（Daubert v. Merrell Dow Pharmaceutical Inc. 509 U.S. 579）の下でエヴァンズ医師の証言を争う申立人の主張を退けた。そしてオーバーン大学薬学スクール部長（Dean）であるエヴァンズ医師には、ミダゾラムの特質について証言する十分な資格があり、彼は信頼できる証言を提供したと結論した。地裁は次いで、ミダゾラムの使用は第八修正に違反するという申立人の主張の本案（merits）につき、彼はその可能性を立証（establish）していないと判示した。地裁は、この結論に関し二つの独立した理由を提示した。第一、オクラホマ州のプロトコルで〝州が用いようとしている方法よりも苦痛のリスクの少ない既知で利用可能な処刑方法を申立人は明らかにしていない。〟第二、オクラホマ州のプロトコルは〝客観的に耐えられない害悪のリスクに相当する重大な痛みおよび不必要な苦しみを確実に、またはおそらく（very likely）もたらすリスクを生じる〟（ベイズ判決五〇頁を引用する）ことを明らかにしていないと認めた。地裁は、ミダゾラムに関する事実を認定してこれを維持した。ミダゾラム五〇〇ミリグラムは、〝いかなる個人であっても第二、第三の薬剤の利用から生じうる不快な刺激（noxious stimuli）に抗するのに十分な無意識状態に陥ることをほぼ確実にする〟と認めた、そして五〇〇ミリグラムの服用だけで三〇分ないし一時間で呼吸停止による死をもたらすと認めたのである。

第一〇巡回区控訴裁判所はこれを維持した。【20】ベイズ判決での判断は、致死薬物注射プロトコールを争う原告に処刑プロトコールによってもたらされる激しい苦痛のリスクは既知で利用可能な代替物と比較すると、それより大きい（substantial）ことの立証を要求している（ベイズ判決六一頁を引用）として、申立人はそのような代替物を明らかにしていないという地裁に同意した。そしてエヴァンズ医師の証言への依拠は地裁の裁量権の濫用ではなかったと認め、地裁のミダゾラムに関する事実に関する認定（factual findings）は明らかに誤っていたとはいえないと結論したのである。

オクラホマ州は二〇一五年一月一五日、ウォーナを処刑した、しかしわれわれは、その後に再吟味の主張を容れ、グロシップ、コール、およびグラントの処刑を本件事案が解決するまで延期した。

【判　示】　Ｉ　ベイズ判決での支配的意見は、第八修正の処刑方法の主張に関して成功するためには何を立証しなければならないかの概要を示した。ベイズ判決は、チオペンタールナトリウム、パンクロニウム、および塩化カリウムの三種類の薬剤注射プロトコールに対しケンタッキー州の死刑囚によって争われた事件に関わりがある。本件死刑囚は、ケンタッキー州のプロトコールは適切に投与されると人道的で合憲な処刑に至ることに同意する、けだしチオペンタールナトリウム注射で、第二、第三の薬剤によって生じうるいかなる苦痛も死刑囚は感じない（oblivious）状態になるからである。しかし、彼らは、チオペンタールナトリウムが適切に投与されないときに受け入れられないリスクがあると主張し、たとえケンタッキー州がひとつの薬剤プロトコールを採用しかつ訓練を受けた職員によってさらにモニターされるプロトコールを採用したとしても、重大な損傷のリスクは除去できないと主張したのである。

ベイズ判決での支配的意見は、処刑方法が〝確実にまたはほぼ確実に（sure or very likely）重大な損傷および不必要な苦しみを与える十分に差し迫った危険を生ずるリスクをもたらす〟ことを最初に立証しない限り、死刑囚は処刑方法を争っても成功しないと結論した。支配的意見はまた、死刑囚は〝ごく僅かの又は周辺部のより安全な代替物があることを立証するだけで州の処刑を首尾よく争うことができない〟と述べた。死刑囚はその代わりに、容易に実行できかつ激しい実質的な苦痛のリスクを十分に除去できる代替物を明らかにしなければならないと述べたのである。

ベイズ判決での死刑囚の異議申立てが失敗したのは、ケンタッキー州の死刑囚が明らかにしたリスクは重大で差し迫っていることを立証していなかったからであり、かつ既知で利用可能な処刑方法の代替物の存在を立証していなかったからであった。本件での申立人の主張も類似の理由で立証に失敗している。第一、中立人は、ミダゾラムの使用によって生ずる危険は既知で利用可能な処刑方法と比べて重大であることを立証しなかった、そして第二、ミダゾラムの使用は激しい苦痛を伴わないと地裁が認めたときに地裁は誤っていたことを立証するのに失敗しているのである。

われわれは以下において、それぞれの理由付けを順次検討する。

Ⅱ　われわれが地裁判決を支持する第一の理由は、既知で利用可能な代替物の処刑方法と比較すると損傷のリスクはより大きいことを立証する責任を申立人は果たしていないということに基づいている。中立人は、単一の薬物プロトコールとしてのチオペンタールナトリウムを州は使用できたと主張していた、そしてそれ以降、ペントバルビタールをオクラホマ州が使用しても合憲であると主張していた。しかし、地裁は、チオペンタールナトリウムもペントバルビタールも今では利用不能であると認めた。控訴裁判所はこの認定を維持した、そしてそれは明らかな誤りとはいえない、それどころかオクラホマ州は、そのようにする善意の努力にもかかわらず、これらの薬剤を入手できなかったことを記録は示している。

中立人はこのような事実に関する認定をとくに争っていない、そして彼らは、オクラホマ州が今では入手できないこれらの薬剤に代えて使用できる薬剤を明らかにしなかった。ところが彼らは、よりリスクの小さい既知で利用可能な処刑方法を明らかにする必要はないと主張するのである。このような主張は、ベイズ判決での支配的意見と矛盾する。

われわれは、死刑という刑罰それ自体は違憲でないと何度も再確認してきた。例えば、【19】ベイズ判決四七頁、八七～八八頁、【7】グレッグ判決一八七頁（スチュアート、パウエル、およびスティヴンズ裁判官の共同意見）、同二二六頁（ホワイト同調意見）、【4】レスウェーバ（フランシス）判決四六四頁、【2】ケムラー判決四四七頁、【1】ウィルカーソン判決一三四～一三五頁を見よ。われわれは、これらの判決を実質的に変更することには応じられない（we decline to effectively overrule）。

Ⅲ　われわれはまた第二の理由でこれを支持する。ミダゾラムの投与によって人は処刑中に苦痛を感じない高度の可能性（highly likely）があると認定したときに地裁は明らかな誤りを犯したとはいえない。われわれは、われわれの分析の最初に以下の四点を強調しておく。

第一、われわれは、地裁の事実に関する認定を従前から尊重してきた〝明白な誤り（clear error）〟の基準の下で吟味する。この基準は〝われわれが事件を異なって判断（differently）するであろうことを確信するという理由だけで〟原認定を破棄する権限は、われわれにはないことを示している。

第二、中立人にはこの問題に関して立証責任がある。中立人はエヴァンズ医師の周辺部分の側面を攻撃することに努力しているが、それらは決定的なこと、すなわちミダゾラムの使用は不必要な苦しみをもたらすということをほとんど立証していない。

第三、三種類の薬剤プロトコールの最初の薬剤としてミダゾラムを使用すれば、麻痺薬剤および塩化カリウムの投与によって生じうる苦痛を死刑囚に感じさせないと多くの裁判所は結論している。本件におけるように多くの事実審裁判所が同一の結論に達し、かつ多くの控訴審がこれらの認定を維持している場合、われわれは、これらの認定をより以上に尊重する。

第四、致死薬物注射プロトコールに対する異議申立ては、連邦裁判所の権限および管轄権の限界（boundaries）をテストする。もしそれが第八修正に違反するのであれば、われわれは致死薬物注射プロトコールを無効としなければならないけれども、専門的知識を越えた科学的論争に連邦裁判所は関わるべきでない、したがって、プロトコールを争う死刑囚には、法廷に提出された証拠に基づいて激しい苦痛のリスクがあることを立証する責任がある。

A　申立人は、二つの主要な理由に基づいて地裁の認定を攻撃する。第一、たとえミダゾラムは十分に無意識と無感覚をもたらす効果があるとしても、それは余りにも弱いので第二、第三の薬剤が一旦投与されると無意識と無感覚を維持できないと主張する。第二、五〇〇ミリグラムのミダゾラムの投与は通常の治療方法よりはるかに高度であることは認めるが、このような事実は本件には関連性がないと主張する。いずれの主張も成功していない。

B　〈略〉

C　〈略〉

Ⅵ　以上の理由により第一〇巡回区の判断は維持される。

【スカーリア裁判官の同調意見】（トマス裁判官参加）　私は法廷意見に加わり、司法による死刑の廃止を求めるブライア裁判官の主張（Justice Breyer's plea for Judicial abolition of the death penalty）に応えるため意見を別途書くことにする。

彼らが犯した犯罪に対して死刑を宣告された申立人——一一か月の赤子を殴り殺し死刑に処せられた一人の申立

人を含む――は、当裁判所の面前で彼らの量刑は第八修正の下で〝残虐で異常〟であるとしてその量刑を無効とするよう求めている。彼らは第八修正に依拠している、それが依拠できる唯一の規定であるからである。彼らは謀殺罪で州によって訴追された。彼らは弁護人を提供され、彼らの同輩の陪審の面前で――二度、一度は彼らは有罪であるかを判断するために、そして一度は死刑が相当な量刑であるかを判断するために――審理された。彼らは一度は州裁判所で一度は連邦裁判所で正しく有罪とされ刑を科せられた。彼らは上訴する権利を認められ有罪判決後の救済を求めることが認められた。そして今、彼らの有罪を攻撃できないことを知りわれわれに慈悲（clemency）を求めているのである。当裁判所の声高な少数意見（vocal minority）は、長い時を経た今頃になって、死刑は永久に廃止されなければならないと主張する。アメリカの歴史において死刑は絶対的に容認できないと当裁判所が示唆したことは一度もないことを思い出して欲しい。憲法が明示したことを違憲と判示するのは不可能である。

第五修正は〝何人も、大陪審の告発または起訴によらなければ、死刑を科せられる罪その他の破廉恥罪について責を負わせることはない、……そして何人も法のデュー・プロセスによらずに、生命……を奪われることはない〟と規定する。それにもかかわらず、ブライア裁判官は本日、このように長く続いたドラマにおいて死刑廃止論者（abolitionists）の役割を果たし、憲法の文言および二〇世紀の歴史は彼のいう〝当裁判所の二〇年の経験〟に譲歩しなければならないと主張するのである。

第八修正は歴史的には、〝恐怖（terror）、苦痛、または恥辱〟を加えるそのような刑罰だけを禁止すると理解されてきた。ブライア裁判官は、このような骨の折れる詳細な記述をすることよりも憲法上の文言を曲解（contort）することを選択する。〝残虐〟は〝信用できない恣意的〟または〝過度の遅延〟を意味し、〝異常〟は〝使用の減少〟を意味すると再定義することによって、彼は意味ある法的議論に欠ける白書を提供しようとするのである。

たとえ第八修正の再定義を受け入れるとしても、彼の主張は多くの内部矛盾に満ちており、回りくどくて分かりにくいといわなければならない。死刑は信頼できないから残虐であると彼はいう。しかし、信頼できないのは有罪判決であって刑罰ではない。ブライア裁判官は、〝死刑犯罪で争点となる犯罪は極めて凶悪な殺人であり、それ故、コミュニティの激しい圧力が伴う〟ことを十分に認めている。そして死刑が争点である場合に被告人を放免する可能性は、裁判所または州知事の方が一三〇倍も多いことはブライア裁判官も認めているのである。

ブライア裁判官は次に、死刑は恣意的であるから残虐であるという。このことを立証するために彼は、余りにも酷すぎる殺人行為であるにもかかわらず、死刑を言い渡された九事件と死刑を言い渡されなかった残りの一九六件を比較した二〇五件の研究報告を指摘する。むろん道徳的判断は一定の厳格な基準になじまない。より重要なことは、犯罪の酷さは死刑を相当とするいくつかの要素――帰責性、更生の可能性、および抑止の必要性――にも関連するため、当裁判所は、酷すぎるという基準を、形式的に適用するのではなく減軽事由を網羅的に検討してきたのである。これらの判断が事案毎に異なりうるという事実は、英米刑事手続の基礎にある陪審裁判の不可避的結果である。

死刑は残虐であるというブライア裁判官の第三の理由は、遅延を伴うことによって⑴囚人を長期にわたり死刑確定囚とする、そして⑵死刑の行刑学上の正当性の土台を削り取るというのである。第一の理由はナンセンスである。パロールのない終身刑であっても死刑囚よりさらに長期であることもある。そして死刑の方が長期にわたり拘束されることを理由に反対するのであれば、その解決策は、死刑を廃止することによるのではなく、そのような状況を修正すべきである。遅延により行刑上の理由の土台が削り取られるという主張に対しては、死刑の主たる代替物であるパロールの可能性のない終身刑を主張することもできなくなる。いずれにせよ、死刑と終身刑のどちらがより相当な報復であるかは、司法の給与等級表（pay grade）を越えている。私は、残虐な殺人によって子供の生命を奪われたその両親に、終身刑は十分な刑罰であると語るつもりはない。

そしてブライア裁判官は最後に、死刑は〝重要な〟抑止効があると思われないと推測する。そのように述べる統計的研究のあることは極めて確からしい。しかし、われわれ連邦裁判官は、大多数のアメリカ人と離れた世界で住んでいる。仕事を終えるとわれわれは、静かな郊外の家または入口に守衛のいる高層ビルに戻る。われわれは、多くのアメリカ人が日常生活で体験する暴力の脅威と直面することはない。

むろん、このような遅延は最高裁自身によるものである。ブライア裁判官が認めるように、一六〇年以上にわたり死刑判決は平均して二年で言い渡されてきた、しかし、二〇一四年になると、一件の死刑判決を言い渡すのに平均一八年かかっている。ではこの間に何が起こったのか？ 第八修正の解釈の下で当裁判所によって示された〝成熟社会の進歩を示す品位の発展的基準〟を明らかにする権限が当裁判所に与えられたため死刑判決を制限する複雑な迷路の急増だけである。実際、過去二〇年にわたりブライア裁判官は、このパレードの行進指揮者であった。彼のシュールリアリズムを拡大して多くの州が死刑を廃止した――それは正確にはこれらの判決が課していたコストを理由とする――という事実を利用して、ブライア裁判官は今では〝異常〟であるとして再びわれわれに死刑の合憲性を検討することを要求する。トロップ判決とともに始まった第八修正の歴史的理解を放棄して、われわれの判例は変更されるべきであると要求するのである。

ブライア裁判官の反対意見は、当裁判所には〝品位の発展的基準〟を認識できる能力があるとする【5】トロップ判決の前提の生きている論破（the living refutation）である。人々は再三再四、最も重大な犯罪に対する刑罰としての死刑を必要とすることに賛成票を投じてきた。当裁判所は再三再四、そのような判断を支持してきた。当裁判所の声高な少数意見は、物事は〝大きく変化した〟と主張し、人民の判断や品位の基準をそれ自身の基準に代えようと主張するのである。

死刑は、哲学者、神学者、および政治家が長年（millennia）取り組んできた道徳問題（moral questions）を提示する。われわれの憲法の制定者は、この問題に関して激しく争った。そのような理由で彼らは、その他の争いある問題と同様の方法でそれらを処理した、すなわち彼らは、それを人民の判断に委ねたのである。ブライア裁判官はそのような判断を覆す権限を尊大にも彼自身に委ねているのである。

【ブライア裁判官の反対意見】（ギンズバーグ裁判官参加）　私は、ソトマイヨール裁判官の反対意見で述べられている理由で当裁判所の判示に反対する。しかし私は、より基本的な問題、すなわち死刑は憲法に違反するかの問題に関しその概要を十分に説明しておきたい。

ほぼ四〇年前に当裁判所は、刑罰が恣意的ではなく信頼できる基準の下で適用されることを十分に確保する防禦装置を含む制定法の下での死刑を是認した。【7】グレッグ判決一八七頁（スチュアート、パウエル、およびスティヴンズ裁判官の共同意見）、【A】プロフィット判決二四七頁（Proffitt v. Florida, 428 U.S. 242, 247）（スチュアート、パウエル、およびスティヴンズ裁判官の共同意見）、【B】ジュレック判決二六八頁（Jurex v. Texas, 428 U.S. 262, 268）（スチュアート、パウエル、およびスティヴンズ裁判官の共同意見）を見よ。Cf.【C】ウッドソン判決三〇三頁（Woodson v. North Carolina, 428 U.S. 280, 303）（相対的多数意見）（絶対的死刑を破棄する）、【D】ロバツ判決三三一頁（Roberts v. Louisiana, 428 U.S. 325, 331）（相対的多数意見）（類似）。死刑適用の状況および証拠はそれ以降急速に変化してきた。これらの変化に照らすと、私は、この問題を再開する今がその潮時であると考える。

一九七六年に当裁判所は、死刑に関する憲法上の弱点は治癒できると考えた。ところがほぼ四〇年間の研究、調査、および体験はこのような努力は失敗したことを強く示している。今日の死刑執行は以下の三つの欠点、すなわち、(1)重大な不信頼性、(2)適用の恣意性、および(3)死刑の行刑目的の土台を削り取る無意識の遅延を強く示している。多分その結果として(4)合衆国内の多くの場所でその使用が断念されてきた。

過去四〇年間に生じた変化を強調しつつ、これらの各問題について述べておく。これらの変化と私自身の当裁判所での二〇年間の体験をあわせ考えると、死刑それ自体（in and of itself）が今では法的に禁止されている〝残虐で異常な刑罰〟に相当するという考えに私を導くのである。

I　〝残虐〟――信頼性の欠如

当裁判所は、死の終局性（finality）は死刑とそれ以外の刑罰（刑務所での終身刑を含む）との〝質的相違（qualitative difference）〟を明らかにしてきた。【C】ウッドソン判決三〇五頁（相対的多数意見）。この〝質的相違〟によって特定の事案で死刑が相当な刑罰であるかを判断する際に信頼性の必要に対応する相違を生じる。しかし死刑は今では、必要な信頼性を欠いたまま適用されているという証拠が増えつつある。Cf. Kansas v. Marsh, 548 U.S. 163, 207–211（スータ反対意見）（DNAによる冤罪（exonerations）の立証は死刑の合憲性を検討するとき〝新しい事実の一部（a new body of fact）〟を構成する）。

けだし一つには、かなり昔に発生した犯罪に対する処刑を取り巻く事情を調査する困難にもかかわらず、研究者は、過去三〇年の間に無実の人たちが処刑されたという確信できる証拠を発見した。例えば、L・A・タイムズ、二〇一二年六月一日A一九頁（四年間の調査の結果、テキサスのコンビニで独身の母親を刺殺したとして一九八九年に処刑されたカルロス・デルーナは無実であったと結論するに至ったと述べている）。またニューヨーカー二〇〇九年九月七日四二頁（動機なき殺人で自分の子供を殺したとして二〇一四年に処刑されたC・ウィリンガムは、後に無効と断定された、三人の子供を殺害したとされる彼の家の火災現場の科学的分析に依拠していたと述べている）等を見よ。

また一つには、死刑が誤って言い渡された（それが処刑されたかどうかにかかわりなく）という証拠が目立っているからである。当裁判所は二〇〇二年の時点で、個人が死刑を言い渡されて後に冤罪であることが判明した事案の数を記すことに〝当惑している〟という言葉を用いた。その当時、死刑事案でおよそ六〇件の冤罪があった。昨年（二〇一四年）には、六人の死刑確定囚が実際は無実であったことを理由に放免された。彼らの冤罪が判明したとき彼らは全員、三〇年以上（一人は四〇年以上）服役していた。

昨年に無罪放免（exonerated）された三人の男の物語は典型例（illustrative）である。強姦および殺人で死刑を言い渡されたH・マック・コルムはDNA鑑定でそのような罪を犯していないことが判明した。ニューヨーク・タイムズ二〇一四年九月三日A一頁。先の開廷期に当裁判所は、殺人で有罪とされたA・ヒントンに対し州裁判所でさらなる審理を受けることを命じた、彼に不利に用いられた科学的証拠に欠陥があったことを理由に、彼は本年無罪釈放された。Hinton v. Alabama, 571 U.S.— (2014) (*per curiam*). ニューヨーク・タイムズ二〇一四年四月四日A一一頁。そしてやはり殺人罪で有罪とされたG・フォードが無罪釈放されたときに検察官は、本件が審理された時点でもG・フォードの無実を晴らす証拠があったことを認めて謝罪した。これら三名は無罪釈放されるまで死刑確定囚として三〇年間も服役していた。

さらに無罪釈放（exonerations）は、通常、刑事犯罪での有罪よりも死刑で有罪が問題となっている場合により多く発生している。死刑量刑が争点である場合に被告人が無罪放免されるのは、一三〇倍も多いと指摘する研究者もいる。非死刑事件の殺人よりも死刑適用殺人の場合には九倍も無罪放免されるという指摘もある。

ではなぜそうなるのか？　それはある程度、死刑事件を支配する法はより複雑であることによる。しかし、ある程度、裁判所は死刑事件ではより綿密に吟味することも反映しているに違いない。しかし、それはある程度、当初の有罪判決の可能性が高いことも反映している。ではどうしてそうなるか？　このことを調べた研究者によると、死刑事件で問題となる犯罪は典型的な恐ろしい殺人であり、それ故、有罪を獲得するため、警察、検察官、および陪審へのコミュニティの激しい圧力がかかることによる。この圧力はまた、悪い人間を有罪とする可能性を高める。それ以外の共通の要因として、虚偽自白、目撃証人の誤り、刑務所での真実ではない情報提供者、および効果的でない弁護人の存在が指摘されている。

例えば、先に指摘した無実である可能性が高いにもかかわらず処刑されたC・ウィリンガムの事件でテキサス州法曹協会（the State Bar）は最近、主任検事の行動に対し正式の違法行為（formal misconduct）の告発をした。そしてG・フォードの事件で検察官は、G・フォードの誤った有罪判決には検察官にも一部責任があることを認めた、フォードの有罪の際に、勝利を獲得することほどには正義（justice）に関心がなかったことを認めて公に謝罪したのである。

他の要素も一定の役割を果たしている。その一つに、死刑判決関与の陪審員の資格（death qualification）の問題がある。死刑を科すのを望まない人は死刑事件での陪審員にはなれない。他の要因は、より一般的な欠陥ある科学的（法医学的）証言である。欠陥ある毛髪分析が三五件の死刑適用事件の三三件で用いられた。そしてこの三三件のうち九件で本人はすでに処刑されたことをＦＢＩは認めたのである。

これらの要素およびその他の要素に照らし、研究者は、「これらの死刑を言い渡された人のおよそ四パーセントは実際には無実であった」と推測している。

最後に、もし〝冤罪（exoneration）〟の定義を拡大して（われわれは誤りを被告人が実際に無実であることを示す誤判に限定している）裁判所が法律上要求されている手続に従っていない〝誤った〟事例に拡大すれば、その数ははね上がる（soar）ことになる。

今日われわれは、四〇年前と異なり、以前に有していた証拠よりも（多分ＤＮＡ証拠に基づいて）より強力に不信用を示す説得力ある証拠を有している。要するに今日、実際は無実であるかもしれない個人に死刑を言い渡していることを示す研究に基づいた十分な証拠がある。

Ⅱ　〝残虐〟――恣意性

恣意的に刑罰を科すのは法の支配の反対命題（antithesis）である。そのような理由で（【6】ファーマン判決および【7】グレッグ判決において決定的投票を投じた）スチュアート裁判官は、一九七二年に死刑を執行するのは違憲であると認めた、すなわち〝これらの死刑判決は雷に打たれることが残虐で以上であるのと同様に残虐で異常である、死刑を科せられうる犯罪で有罪とされたこれらの人々の多くは死刑が実際に科せられた一握りのでたらめに選択された者の中にいたからである。〟（ファーマン判決三〇九—三一〇頁）（同調意見）。

死刑が一九七六年に復活したとき当裁判所は、もし死刑が〝恣意的で気紛れな方法で〟科せられたのであれば、それは違憲となることを認めた。【7】グレッグ判決一八八頁（スチュアート、パウエル、およびスティヴンズ裁判官の共同意見）。当裁判所は、スータ裁判官が Kansas v. Marsh, 548 U.S., at 206 の（反対意見）で〝極悪人の中の極悪人（the worst of the worst）〟と呼んだ人間にその使用を限定することによって死刑の適用を恣意的にしないよう求めてきた。【14】ロパ判決五六八頁、【15】ケネディ判決四二〇頁（ロパ判決を引用する）をも見よ。

より公正な死刑判決の執行を希望するグレッグ判決裁判所の希望にもかかわらず、その後の四〇年間の体験は、死刑は恣意的に科せられていることを次第に明らかにしている。

死刑判決に関する研究はすべて、このような結論を裏付けている。例えば、多くの研究は、黒人その他のマイノリティ犠牲者の場合と異なり、白人の犠牲者を殺害したとして起訴された者は死刑判決を受けるのが多いことを示している。

地理もまた、誰が死刑を言い渡されるかの判断に重要な役割を果たしている。それは単に、若干の州は死刑を認めており他の州はそうではないという理由によるのではない。死刑肯定州においても、死刑を科すのは被告人が審理される郡（county）に大きく依存している。郡毎にこのような相違があるのはなぜか？　ある研究によれば、この相違は判断機関（decision-making authority）、法律上の裁量、そして最終的には地方検事の権限を反映している。そして他の研究によれば、弁護人の利用可能性（またはその欠如）が地理的相違の原因であり、さらに郡内での人種構成とその分布状態が重要な役割を果たしているという。

最後に、選挙に立候補しなくてはならない裁判官への圧力を含む、政治的圧力が地域差を生むという研究もある。Woodward v. Alabama, 571 U.S.― (2013)（ソトマイヨール上告受理否定反対意見）、Harris v. Alabama, 513 U.S. 504, 519 (1995)（スティブンズ同反対意見）を見よ。

それ故、人種、ジェンダー、地方の地理、および人的資源のような一見関連性のない要素が死刑判決を受けるかに重要な役割を果たしており、残虐性（egregiousness）のような判断が相当であるかに限らず、死刑が恣意的に科せられていることを調査結果は強く示しているのである。

当裁判所は四〇年前に、死刑の恣意的適用を大きく制限する方法で第八修正を解釈できると信じた。【7】グレッグ判決一九五頁を見よ。しかし、もはやそのようなことはできないと思われる。さらに不幸なことだが、人種およびジェンダーによるバイアスは、意識的であると無意識であるとを問わず、深くコミュニティに浸透しているバイアスの反映である。これらは法的関連性がないにもかかわらず陪審の減軽証拠の評価にも影響しうるのである。

これらの事例によって示された問題は、私が先に言及した調査研究によって明らかにされた問題と同様、スチュアート、パウエルその他の裁判官によって数十年にわたり提示されていたのと同一の問題である。死刑判決は気紛れに、そして現に恣意的に科せられている。死刑判決を受ける被告人の観点からすると、〝死刑判決はまさに雷によって打たれる〟のに相当するのである。ではどのようにすれば、死刑判決を法の支配によることを要求する憲法の命令に調和させることができるのか。

Ⅲ　〝残虐〟――過度の遅延　信頼性および公正の問題は、ほとんど不可避的に、第三の独立した憲法問題に導く、すなわち個人（囚人）は、死刑判決の下でも生きているが、死刑囚として過度に時間を過ごしているという問題である。すなわち、遅延は憲法自身の要求によって一部生じている問題である。死刑適用事件での特別の信頼性と公正に照らし、死刑という刑罰は〝特に強力に〟適用されなければならない。最も厳しい制裁に直面する者には、憲法が彼らの処刑を禁止していることを示す公正な機会が与えられなければならない。それと同時に、〝被告人の生命に関わるとき〞憲法はあらゆる防禦装置が〝順守〞されることを要求している。【7】グレッグ判決一八七頁（スチュアート、パウエル、およびスティヴンズ裁判官の共同意見）、【6】ファーマン判決三〇六頁（スチュアート同調意見）（死は〝程度ではなく種類において他のすべての刑事罰とは異なる。〞）、【C】ウッドソン判決三〇五頁（死刑はその終局性においても終身刑とも異なる。）

A　最初に統計を検討してみよう。二〇一四年に三五人が処刑された。これらの処刑は平均して、裁判所が最初に死刑を宣告した後ほぼ一八年後に実行された。若干の死刑存置州では、平均的遅延はもっと長い。例えば、昨年の口頭弁論で訴追側は、フロリダ州で最後に処刑された一〇人は死刑確定から処刑されるまで平均二五年かかったことを認めた。平均的遅延は次第に劇的に増加してきた。一九六〇年には判決と処刑との平均の間隔は二年だった。一〇年前（二〇〇四年）には一一年だった。昨年になるとその平均的間隔はおよそ一八年に増えた。三〇〇〇人の死刑確定囚のおよそ半分は一五年以上服役している、この傾向が逆転すると考える理由を見つけることはできない。

B　このような長期の遅延は、二つの特別な憲法上の困難を生み出す。第一、長期の遅延それ自体がとくに残虐である、〝死刑確定囚にとりわけ厳しい非人道的な拘禁状態にさらす〞からである。【18】ゴメス判決（スティヴンズ反対意見）（過度の処刑の遅延は第八修正によって禁止されている残虐で異常な刑罰に相当する）等を見よ。第二、長期の遅延は死刑の行刑上の正当化理由の土台をほり崩す。

1　最初の憲法上の難点に目を向けると、ほとんどすべての死刑存置州は、これら死刑確定囚を一日に二二時間以上一人にしている、そしてそのような長期の独居拘禁は、多くの有害な損傷を生み出すことは十分に証明されている。独居拘禁の非人間的効果は、執行がいつ現に行われるかに関する不確実性によって高められる。さらに拘禁の消極的効果と不確実性のため、多くの死刑確定囚が任意に処刑を希望したり、上訴権を放棄するのも驚くことではない。

2　長期の遅延から生ずる第二の憲法上の難点は、このような遅延は死刑の行刑上の正当化理由の土台を、多分永久に、削り取ることである。死刑の正当化理由は、どのような刑にとってもそうであるが、古典的には社会の抑止効、無力化、応報、または社会復帰を確保する必要性に依拠している。死刑にはその定義上、社会復帰はない。もちろん死刑は確かに犯人を無力化する。しかし死刑の主要な代替物——すなわちパロールのない刑務所での終身刑——も犯人を無力化する。Ring v. Arizona, 536 U.S. 584, 615 (2002)（ブライア同調意見）を見よ。

ある命題を裏付ける証拠の欠如は、その反対を証明しないことを私は是認する。しかし、今日、死刑を宣告された人のごく少数者だけが実際に処刑されている。そしてこのような処刑は、平均して、死刑確定のほぼ二〇年後に行なわれている。とすると、それでも死刑には主要な抑止効があるのであろうか？　いずれにせよ、現在行われている死刑制度にどのような応報の利益があるにせよ、その利益はパロールのない終身刑によってもほぼ同様に満たしうると考えられる。

3　つまるところ、長期の遅延は死刑の残虐性を高め、そしてその判例としての正当化理由（jurisprudential rationale）の土台を削り取っている。そして当裁判所もかつて〝もし死刑が抑止効または応報という目的を果たさないのであれば無目的で不必要な苦痛を与え、それ故、憲法に反する刑罰に外ならない〟と述べていたのである。

【13】アトキンズ判決三一九頁。

C　（略）

Ⅳ　〝異常〟——死刑利用の減少　第八修正は残虐で異常な刑罰を禁止する。昨年（二〇一四年）には七州だけが処刑を実行した。さらに重要なのは、この過去二〇年において死刑を科してそれを実行するのが次第に異常になっていることである。私は、いくつかの方法で死刑の利用の著しい減少を明らかにできる。

適切な出発点は、一九七〇年代から現在に至るまでアメリカ全国での死刑判決数の曲線への関心である。一九七七年――各州が最高裁の明示後に従前の制定法を修正して死刑を再開できることを明らかにした翌年――には一三七人が死刑を言い渡された。ファーマン判決の要求に応じて各州が死刑法を見直した後で死刑判決の言い渡しは増えた。一九八〇年と一九九九年の間に平均して二八六人が死刑を言い渡された。しかし、およそ一五年前に、その後は減り始め、そしてそれ以降急速に下降した。昨年は七三人が死刑を言い渡された。

この傾向は過去一五年の顕著な傾向であるが、年間の処刑数に関しても同じである。後掲資料B（一九七七年から二〇一四年までの処刑数を示す）を見よ。一九九九年には九八人が処刑された。昨年はその数は三五人だった。

次に州レベルの資料を検討できる。刑罰の執行が合憲であるかを判断するとき当裁判所は州の数に目を向けて〝異常〟であるかに言及していた。この点に関して積極的（active）な死刑存置州の数は劇的に減少している。当裁判所がファーマン判決を言い渡した一九七二年には四一州で死刑は合法だった。九州はそれを廃止していた。現時点では若干の州は将来的に（prospectively）廃止したにとどまるが、一九州が（コロンビア地区とともに）死刑を廃止している。法律上なお死刑を維持している一一州においても、処刑は八年以上行われていない。したがって、三〇州は死刑を正式に廃止したか、あるいは八年以上処刑していないことになる。過去八年に少なくとも一回処刑を実行した二〇州の中で九州は、その間に五回以上処刑をしていない。このことは残り一一の州は死刑を〝異常〟としていないと言ってよい、そしてこれらの州の中の三州（テキサス、ミズーリ、およびフロリダ）が全米の処刑の八〇％を占めている。

人口の数でいうと、少なくとも過去三年間で時々一回処刑する州に住んでいるアメリカ人の数はと聞かれると、その答えは二〇年前には八〇％ないし七〇％であった、そして今日その数は三三％である。

要するに、われわれが州に目を向けると、六〇％以上の州で事実上（effectively）死刑はない、そして人口で考えると、国民のおよそ六六%は過去三年間死刑がなかった地域に住んでいる、そしてわれわれが郡に目を向けると、その八六%で事実上死刑がない。アメリカを全体としてみると、今では合衆国での死刑は異常であるというのが公平と思われる。【6】ファーマン判決三一一頁（ホワイト同調意見）を見よ。

さらに、われわれはかつて〝これら州の数の多さではなく変化の方向の一貫性であると述べたことがある。〟このように見てくると死刑は現に異常となっている。七州は過去一〇年間に死刑を廃止した。一一州は前述のように、八年間誰一人として処刑していない。そして若干の州は正式に死刑囚の処刑を中止した。

さらに変化の方向は一貫している。過去二〇年において死刑のない州が死刑を復活する法を制定したことはない。このような状況はおそらく、アメリカ人の多くは死刑とパロールのない終身刑のどちらを選ぶかを尋ねられると、今では後者を選ぶという事実を反映している。

私は、死刑は憲法上〝異常〟であるとの主張を正当化する状況の変化を示す際に外国での出来事ではなく、主として国内の出来事に依拠している。これらの状況は、死刑の合憲性をわれわれが再度検討するのに十分な担保となる。しかし、私は、多くの国――実際、国連の一九三加盟国の中で九五国――が死刑を正式に廃止しており、さらに四二国が事実上（in practice）死刑を廃止していることを指摘しておく。一〇人以上の死刑囚を処刑した国は八か国（合衆国、中国、イラン、イラク、サウジアラビア、ソマリア、スーダン、イエーメン）であり、死刑のほぼ八〇%はイラン、イラク、サウジアラビアの三国に集中しているのである。

V　私は、死刑は合憲であるとの反対論のあることは承知している。われわれは裁判所である。なぜわれわれは問題を立法府を介して民主的に行動する人民にその問題を委ねるべきでないのか？　憲法は極めて重要な判断を民主的に行う国を予想している。死刑を廃止した多くの国は、司法判断ではなく立法府を介してそのようにしてきた。

その答えは、すでに論じた事柄である、信頼性の欠如、重大かつ取り返すことのできない刑罰の恣意的適用、長期の遅延によって苦しんでいる個人、および行刑目的の欠如、このような事柄は本質的に司法問題である。それらは、個人に重大な刑罰を科すこと――実際、不公正で残虐、そして異常な刑罰――に関わりがある。当裁判所は一九七二年に、ある意味で、死刑を科すことで公正および信頼性を促進するかの判断を連邦と州議会に委ねたことを、私は是認する。立法府はこれに応じた。しかしこれらの対応が機能しなかったことを示すかなりの証拠が過去四〇年間に集められた。

それ故、司法上の責任がわれわれに委ねられている。第八修正は関連法を明らかにしており、われわれはその法を解釈しなければならない。Marbury v. Madison, 1 Cranch 137, 177（1803）を見よ。

私は、本意見で詳論した理由で、死刑という刑罰は第八修正に違反する可能性が極めて高いと信じている。少なくとも当裁判所は、この根本的問題について全面的に検討すべきである。

【ソトマイヨール裁判官の反対意見】（ギンズバーグ、ブライア、ケイガン各裁判官参加）　オクラホマ州の死刑確定囚である三人の申立人は、同州の致死薬物注射プロトコールの合憲性を争っている。同州は、ミダゾラム、パンクロニウム臭化カリ、塩化カリウムの三種の薬物を用いて申立人を処刑する予定である。後者の二つの薬物は、囚人（inmate）を麻痺させ、その心臓を停止させることを意図している。しかし、それらは燃焼と焼けつくような痛みを伴う。それ故、最初の薬物ミダゾラムが想定通り囚人を無意識に維持し続けるかが決定的となる。申立人は、ミダゾラムはそのような機能を果たすことが期待できないと主張し、州によるこの薬物の予定通りの使用は重大で憲法上容認できないリスクを示す十分な証拠を提出した。

それにもかかわらず、当裁判所は本日、ミダゾラムの不十分性を立証しつつ少なくとも執行停止を認めるべきであるとの申立人の主張を退ける。当裁判所は、二つの方法でこの結論に達する、すなわち第一、唯一の専門家証人の科学的な裏付けがなく受け入れられない証言を信用できるとする地裁の見解に従うことにより、そして第二、彼らの処刑のための代替手段の利用可能性の立証を十分に果たしていないと非難することにより、このような結論に達したのである。いずれの理由についても当裁判所は誤っている。その結果、最高裁は、申立人を火あぶりに相当する処刑にさらしたことになる。

I　A　ベイズ判決において〝チオペンタールナトリウムの相当量の投与〟がなければ、パンクロニウムの投与による耐えがたい窒息および塩化カリウムの投与による苦痛のリスクという憲法上容認できない重大なリスクがあることに争いはなかった。同判決での申立人は、ケンタッキー州の処刑方法が意図通り行われておればチオペンタールナトリウムの相当量の投与によって囚人が第二、第三の薬物の投与から生ずる重大なリスクを消滅できるので〝人道的な死に至らしめること〟に同意していた。このような前提の下で当裁判所は、三種類の薬物を使用する州の手続は激しい苦痛に関し〝客観的に耐えられないリスク〟はないと結論したのである。

B　長年にわたりオクラホマ州は、ベイズ判決で問題になったのと同一の三種類の薬物を用いて死刑を実施してきた。しかし、ベイズ判決後にチオペンタールナトリウムの主要な製造元がそれを処刑で用いることを拒否したため、オクラホマ州は他の鎮静剤であるペントバルビタールに代えることにした、しかし、二〇一四年三月に予定していた他の二人の処刑の少し前にオクラホマ州はこの薬物を入手できなくなった。同州は、他の麻酔薬を探し出し処刑を実施する計画を立てた。一週間を経ないうちにオクラホマ州矯正局と州法務官事務所（Attorney Generals' of office）の職員グループがペントバルビタールの代わりとしてミダゾラムを選んだ。

その後まもなくオクラホマ州は、ロケットの処刑時に初めてミダゾラムを使用した。この処刑はスムーズに行かなかった。ロケットの鼠径部に静脈ラインが設置されミダゾラム一〇〇ミリグラムが投与され、その一〇分後に立会いの医師がロケットは無意識であると告げた。しかし、パンクロニウム臭化カリと塩化カリウムが投与されたときロケットは目を覚ました。何人かの証人によると、〝何かおかしい、薬が効いていない〟等言いながら縛られたままでのたうち回ったという。州職員はブラインドを下ろすことを命じ、執行を停止した。しかし、一〇分後——処刑が始まったおよそ四〇分後——にロケットは死を宣告された。

州は、その後の処刑をすべて中止した、そしてその五か月後に調査報告書を公表し、主たる障害として静脈ライン線（the IV line）に欠陥のあったことを明らかにした。静脈ラインはロケットの静脈に致死薬剤を十分に注入していなかったというのである。しかし、解剖（検死）の結果、ロケットの血液の濃度は平均人を無意識とするのに十分以上であったことが明らかとなった。

この報告を受けてオクラホマ州は、今までの致死薬物注射プロトコールを一部変更した。新しいプロトコールは、執行チームのメンバーが静脈ラインを適切に挿入し囚人が無意識になることを見届ける各種手続的保障を含んでいる。しかし、このプロトコールは、ミダゾラムの量を一〇〇ミリグラムから五〇〇ミリグラムに増やしているけれども、ロケットを処刑したのと同一の三種の薬剤を用いることを認め、今後のすべての処刑においてこの薬物の組合せを用いる予定であることを明らかにしていた。

C　オクラホマ州の死刑確定囚は二〇一四年一月、オクラホマ州の処刑方法の合憲性を争い、被上告人に対し一九八三条訴訟（42 U.S.C. §1983）を起こした。一部変更のプロトコールを州が公表した後で処刑が迫っていた四人の受刑者——ウォーナ、グロシップ、グラント、およびコール——は、仮差止命令の申立てをした、彼らは、とりわけ州の予定しているミダゾラムの使用はチオペンタールナトリウムやペントバルビタールとは異なり、〝残りの二つの薬剤のいずれかが注入後に無意識の状態を確実に引き起こすことはできない〟と主張したのである。

地裁は三日間の証拠審理を開いた、そして中立人側は二人の専門家医師、すなわち、ルバルスキーおよびSの証言に依拠した。他方、州側はエヴァンズの証言に依拠していた。

専門家の証言は大部分重なっていた。三人の専門家はいずれも、ミダゾラムは人を無意識にするために用いることはできるとしつつ、それは連邦食料医薬品局（ＦＤＡ）によって使用を是認されていないこと、そして〝外科手術において無意識を引き起こし、それを維持する唯一の薬品〟として用いられていないことに同意した。この三人は全員、ミダゾラムのいわゆる上限効果（ceiling effect）――薬物の量を増やしても一定以上の効果はないといういわゆる収穫逓減の法則を意味する――に同意していた。

しかし、この上限効果はどのように機能するのか、そして第二、第三の致死薬物注射が行われたときミダゾラムは死刑囚の無意識を維持するかについて専門家の意見は異なっていた。重要なのは、ルバルスキー博士の見解によると、ミダゾラムによる無意識は〝小さな処置に対しては〟十分であるが、オクラホマ州が致死薬物注射プロトコールの第二、第三の薬物の投与を伴う極度の苦痛を含む、極度の不快な刺激に直面すると、人によっては無意識、無感覚を維持することができないというのである。Ｓ博士も同一の理由で同一の結論を下している。

これらの見解の裏付けとして両者はいずれも、種々の証拠を引用した。ルバルスキー博士は、とりわけミダゾラム等を用いて行われたアリゾナ州での二〇〇四年のウッドの処刑を強調した。ミダゾラム七五〇ミリグラムを投与したにもかかわらず、ウッドはほぼ二時間も呼吸をして動き続けたという。Ｌ博士によると、これは極度に深い無意識中に起こったことであるというのである。Ｓ博士も研究論文を別途引用し、類似のことを指摘していた。

ところが、州側の専門家証人であるエヴァンズ博士は、ミダゾラム五〇〇ミリグラムの投与で〝処刑の残りの手続中に囚人を無意識、無感覚にする〟と主張した。エヴァンズ博士は、その見解の裏付けとなる学者の論文を引用せず、主としてウェブサイトの二つの記事――いずれも専門家の同意があるとする一般的な情報を含むにすぎない――に主として依拠していたのである。

Ｄ　地方裁判所は、オクラホマ州の処刑プロトコールで用いられているミダゾラムの性質に関する一連の事実に関する認定をし、〝エヴァンズ博士の証言は説得的である〟と結論した。地裁はこのような認定をした後で、第八修正の本案の主張（merits）につき成功する可能性を申立人は立証しなかったと判示した。第一〇巡回区控訴裁判所は、地裁と同様、申立人は〝既知で代替できる〟証拠の存在を立証しなかったのであるから、地裁の事実に関する認定が明らかに誤りであると結論することはできない。それ故、申立人はミダゾラムの使用で激しい苦痛のリスクを生ずることを立証できなかったと結論したのである。

最高裁は執行停止の申立てを退け、ウォーナは二〇一五年一月一五日に処刑された。最高裁はその後、上告受理の申立てを容れ、州の要請によって申立人の係争中の処刑を停止した。

Ⅱ　私は、当裁判所の判示の第二から始める、すなわち、申立人はオクラホマ州の処刑プロトコールは憲法に反する苦痛を与えるという立証をしていなかったという地裁の判断は相当であったかである。最高裁は、地裁と同様、五〇〇ミリグラムのミダゾラムは脳を麻痺させるというエヴァンズ博士の全く裏付けのない主張に慰め（comfort）を見い出している。そのように判断する際に最高裁は、客観的に容認できない激しい苦痛のリスクを無視しているのである。

A　まず初めにエヴァンズ博士は、ミダゾラムの性質に関する彼の意見を裏付ける科学的証拠を明らかにしていない。エヴァンズ博士の証言がウェブサイトに基づいているのは明らかである。要するに、エヴァンズ博士の結論は、第三者の研究成果による裏付けがなく、申立人によって提供された外部的証拠とも矛盾しており、ミダゾラムの性質に関する科学的理解と全く相容れない基本的な誤りに立脚しているのである。

B　さらに多分より重要なのは、苦痛のリスクは大きいと考えられる十分な理由を本件記録は提供していることである。より大きな処置（procedures）に関するコンセンサスも明らかである。ミダゾラムはＦＤＡで是認されていないし、無意識を維持し続ける唯一の薬物としても用いられていない。これらの結論のさらなる裏付け証拠を希望するのであれば、それはロケットとウッドの処刑によって提供されていた。ロケットは、第二、第三の薬物の投与時に十分に麻酔がかかっていなかった。しかし、地裁の認定によれば、〝平均人を無意識にするに足りる以上のミダゾラムを投与されていたのである。ウッドの処刑がその証拠（probative）である。七五〇ミリグラム以上のミダゾラムの投与にもかかわらず、ウッドはほぼ二時間も息を弾ませていたのであり、この反応は、ルバルスキー博士によると、ウッドには十分麻酔がかかっていないことを示していた。

最後に、これら薬物の投与のための州の手続的安全装置も、ミダゾラムが何ら機能しない事実上のリスクを軽減するものでない。静脈ラインの場所を適切に確保する職員の保障は、化学的に有しない効果を保障するものでないし、死刑囚の意識をモニターすることで第二、第三の薬物の投与中になお囚人が無意識であることを予知できることにもならない。問題は、ロケットの処刑が生々と示しているように、第二、第三の薬物の注入によってもたらされた苦痛と呼吸困難によって無意識の死刑囚が目を覚ましうることである。たとえ囚人に意識があるかの判断が可能であるとしても、それは余りに遅すぎる。

Ⅲ　ミダゾラム剤の使用は客観的に耐えられない激しい苦痛のリスクを伴わないという最高裁の判断は、事実として誤っている。彼らを殺害する利用可能な代替手段を明らかにしていないので中立人の異議申立ては認められないという最高裁の結論も、法律上弁論の余地がない。

A　当裁判所は早くから、ある種の処刑方法は絶対的に限界を越えている（categorically off-limits）ことを認めていた。当裁判所は一八七年の【1】ウィルカーソン判決において初めて、処刑方法に対する第八修正の異議申立てに直面した。ウィルカーソン判決は特定の処刑方法――銃殺刑――を是認したけれども、それは〝生きたままの火炙り〟その他それと同一線上にある不必要で残虐な拷問は第八修正によって禁止されていることを認めた。一一年後に初めて提示された電気椅子による処刑への異議申立てを退けた際に当裁判所は、再び火刑台での火炙りや十字架上の死刑、車裂きのような明らかに残虐で異常な刑罰は禁止されると繰り返したが、そのような刑罰が憲法の禁止に該当するかを判断するのは裁判所の義務であると述べた。ケムラー判決四六六頁。それ以降一世紀もの間に当裁判所のメンバーは、度々、第八修正の残虐で異常な刑罰の及ぶ範囲について議論してきた。【6】ファーマン判決等を見よ。

当裁判所は本件で、この絶対的禁止を条件的禁止に代えようとする。耐えられない苦痛である処刑方法であっても――たとえ、生きたままの火刑に相当するものであっても――〝もし既知で可能な〟方法があるのであれば、その限りにおいて合憲であると判示しているのである。

B　最高裁は、新しく見い出されたルールを支持するためにベイズ判決を再構築（reengineering）する際に、欠陥あるスローガンに依拠している。死刑が合憲であるのであれば、それを執行する方法がなければならない。それ故、利用できる執行方法も合憲でなければならないというのである。しかし、たとえ死刑は抽象的には品位の発展的基準に合致していることを受け入れるとしても、そのような当裁判所の結論にはならない。【19】ベイズ判決四七頁（若干の苦痛のリスクはいかなる処刑方法にも内在するから、苦痛のすべてのリスクの回避は要求されていない。）しかし、〝野蛮〟または〝拷問または長引かせる死〟に関わる刑罰は、それが州にとって利用可能な唯一のものであるとの理由で正当化されることにはならない。もし利用可能な処刑方法が残虐で異常な刑罰に相当するのであれば、そのような処刑を行うのは残虐で異常な刑罰に相当する。その選択した方法が残虐で異常でないことを保障する義務を含め、われわれの憲法はそのようにする義務を課している。

このような理由で、当裁判所の利用可能な代替的刑罰の要求は明らかに不当な結論に導く。オクラホマ州の現在のプロトコールは生きたままの火炙りに相当する野蛮な処刑方法である。しかし、当裁判所の新しい見解によれば、州がミダゾラムを利用する意図を有していたか、それとも申立人を四つ裂きにして徐々に死に至らしめるか、現実に火刑台で火炙りにするかは問題ではない。中立人はチオペンタールナトリウムやペントバルビタールに代わりうる薬剤の利用可能性を立証しなかったのであるから、どのように工夫した方法によってであっても州は彼らを処刑できるというのである。しかし、ベイズ判決一〇一—一〇二頁（トマス同調意見）を見よ。第八修正にはそのような結論を認める可能性はない。

C　たとえ極めて凶悪な犯罪で有罪とされた者であってもその者を保護することによって、第八修正はすべての人間の尊厳を尊重する政府の義務を再確認している。ところが当裁判所は本日、このような義務をオクラホマ州に免除（absolves）する。三種の致死薬物プロトコールのカクテルの中に鎮静剤として憲法上不十分なミダゾラムに関する証拠の記録を誤解かつ無視することによって、そして彼または彼女の処刑のために利用可能な方法を明らかにするという、全く先例のない義務を死刑囚に課すことによって、当最高裁の多数意見はそのような免除を与えているのである。このような特定の致死薬物注射プロトコールを必要とするような曲解は、その代償に値しない。私は反対する。

以上、絞首刑をめぐるわが国の問題状況を踏まえつつ、アメリカでの絞首刑から致死薬物注射に至る処刑方法の変遷を分析してきた。これから明らかなように、アメリカでは一八八八年（明治二一年）のニューヨーク州を皮切りに各州は次第に絞首刑を廃止し処刑方法を電気処刑や致死ガスなどに変更したが、その後いずれも残虐であるとして今日では、現在の科学による限り、最も苦痛がなく人道的であるとして致死薬物注射による処刑方法がすべての法域において採用されている。他方、わが国では「死刑（絞首刑）の執行に関する唯一の根拠法規」である明治六年（一八七三年）の太政官布告六五号が「新憲法下においても法律の効力を有する」とされているのである。

そこで以下、アメリカでの死刑および処刑方法をめぐる動向を簡単にとりまとめた後、グロシップ判決の意義について少し考えてみたい。

第五節　アメリカ法のまとめ

合衆国最高裁は死刑制度自体を違憲と判示したことは一度もない。わが国でも大いに話題となった一九七二年のファーマン判決も事実上このことを前提としていた、したがって、わが国ではまま誤解する向きがあるが、謀殺罪に対する死刑の合憲性を肯定した一九七六年のグレッグ判決はファーマン判決を「変更」したのではない。ただ、アメリカでは死刑を肯定するかどうかの判断は各州に委ねられているため、州最高裁が州法の規定に基づいた死刑判決を支持した以上、合衆国最高裁は原則としてこれに介入できない。一八六八年（明治元年）の合衆国憲法第一四修正が「いかなる州も、法の適正な手続によらずに、何人からも生命、自由または財産を奪ってはならない」と規定し、州最高裁への直接介入が可能となったにもかかわらず連邦（合衆国）最高裁はその後も長年にわたり「連邦主義」を重視し州の刑事司法に介入しなかったのである、しかし合衆国最高裁はウォーレン・コート（一九五三―六九年）下に〃デュー・プロセス革命〃を断行したため、いわゆる権利の章典に関する諸規定は、大陪審起訴を除き、そのまま州にも適用されることが確立する。そして第八修正の「残虐で異常な刑罰の禁止」規定については一九六二年のロビンソン判決で第一四修正のデュー・プロセス条項を介して州に適用されることが明示されたため、それ以降、合衆国最高裁は死刑に関する州の刑事司法への積極的介入を開始する。もっとも、二〇〇八年のネブラスカ州最高裁マータ判決からも明らかなように、各州憲法の多くは第八修正と同一の「残虐で異常な刑罰」条項を有しており、その限りにおいて各州が合衆国最高裁判例を参考にすることは可能であり、そして現に参考にされているのである。当初のアメリカ判例法の展開過程がやや複雑でわれわれ日本人にとって理解が困難であるのは、今なおアメリカで根強い連邦主義に帰因することは押さえておきたい。

(1)　アメリカ判例法の理解を正確にするため、死刑および処刑方法に関する合衆国最高裁の関連判例を改めて簡単に整理しておく。

一八七九年の【1】ウィルカーソン判決は、銃殺刑は憲法に違反しないことに異論はないとしたうえで「拷問その他これと同一線上にある不必要で残虐な刑罰は憲法によって禁止されていることを確認」すれば足りるとした。次に一八九〇年の【2】ケムラー判決は、ニューヨーク州知事からの絞首刑に代わる〝最も人道的な方法〟による処刑方法の要請に応じて州議会が電気処刑を採用したことを明示したうえで、残虐というのは「何か非人道的で野蛮な生命の単なる消滅以上の何か」を意味しており、電気処刑はそれに当たらないとした。そして一九四七年の【4】フランシス判決は、憲法の禁止する残虐な刑罰というのは「刑罰の方法に内在する残虐性であって人道的に生命を消滅させるために採用されたいかなる方法にも含まれる当然の苦痛ではない」としたうえで、全く予想されなかった電気処刑失敗後の再執行は残虐性を新たに付加しないから合憲であるとした。

このように一九世紀後半から二〇世紀前半にかけて絞首刑は徐々に廃止され、電気椅子や致死ガスによる処刑方法がより人道的であるとして各州で採用されるに至ったのである。しかし、その後一九七七年のオクラホマ州を皮切りに、致死薬物注射による処刑方法が次第に一般化するとともに電気処刑や致死ガスの残虐性が指摘される、例えば、一九八三年の【16】グレイ判決での致死ガス処刑上告受理申請却下に対するマーシャル反対意見は、絞首刑や電気処刑よりも苦痛が少なくより人道的と考えて採用された致死ガスは「それに結びつくトラウマが認識され、かつ致死薬物注射方式が一般に知られるにつれ」このような傾向は逆転したと指摘する。そして一九八五年の

【17】グラス判決での電気処刑上告受理申請却下に対するブレナン反対意見は、より迅速にかつより人道的な方法によって死刑囚の生命を消滅させるものであることが医学の専門家によって認められている致死薬物注射による処刑方法が今日存在していることを強調するのである。

いずれにせよ現在のアメリカの各法域では、当初かつてあまねく行われていた絞首刑はもちろん、より人道的であるとして採用された電気椅子やガス室による処刑の残虐性が次第に明らかにされるにつれ、いずれも第八修正の禁止する残虐で異常な刑罰であるとして拒絶され、致死薬物注射による処刑方法のみが現時点で第八修正に反しない処刑方法であるとされているのである。

(2)　このようにみてくると、致死薬物注射の合憲性を再確認した二〇一五年六月のグロシップ判決の意義は明らかと思われる。わが国での死刑廃止論との関わりは第五章で詳論することとし、さしあたり重要と思われる若干の視点を指摘しておく。

まず第一に最も注目されるのは、ファーマン判決でのブレナン，マーシャル以来、四三年振りの現職最高裁判事による死刑廃止論の再登場である。二〇〇八年のベイズ判決でのギンズバーグ裁判官の反対意見は死刑制度の違憲性につき直接言及していないが、二〇一五年のグロシップ判決でのブライア裁判官の反対意見（ギンズバーグ裁判官参加）は死刑の違憲性を明らかにしている。もっとも、同判決は新薬ミダゾラムを用いた処刑方法の合憲性が争われた事案であるが、〝司法による死刑廃止を要求するブライア裁判官の見解〟に反論する旨のスカーリア裁判官の同調意見に照らすと、少なくともブライア裁判官とギンズバーグ裁判官が死刑廃止論に踏み切ったとの解釈は十分に可能である。

第二に、ソトマイヨール裁判官の反対意見（ブライア、ギンズバーグ、およびケイガン裁判官参加）は新たな薬剤ミダゾラムを用いた処刑方法の違憲性を主張するにとどまるが、致死薬物注射による処刑方法のみが現在のアメリカで合憲とされていることを考えると、事実上の死刑違憲論とも解しうる。いずれにせよ、合衆国最高裁が史上はじめて死刑制度自体の違憲性判断に踏み込み、第八修正違反を明示する可能性も大いにありうるのである。

第三に、ブライア裁判官がグレッグ判決のほか【A】プロフィット、【B】ジュレック、【C】ウッドソン、【D】ロバツの四判決に言及していることも注目されてよい。バーガ長官が一九七八年の【22】ロケット判決において、これら各判決での三裁判官（スティブンズ、パウエル、スチュアート）に同調したため、死刑は他の刑罰とは質的に異なるとするいわゆるスーパー・デュー・プロセスが合衆国最高裁の多数意見として確立している折柄、わが国での絞首刑違憲論への援軍としてその内容を綿密に検討する作業は有用と思われる。

そして最後に、わが国の最高裁は今なお古色蒼然たる明治六年（一八七三年）太政官布告に基づく絞首刑の合憲性を肯定し続けている。大阪高裁は二〇一三年七月三一日、パチンコ店放火殺人事件第一審判決に対する控訴を棄却した際に「明治六年太政官布告に依拠し、新たな法整備をしないまま放置し続けていることは立法政策として決して望ましいことではない」としつつ「このような立法の不作為が憲法上の要請に反しているとまではいえない」とした、そして最高裁第二小法廷平成二三年一一月一八日判決は、実質的理由のないいわば三行半でその上告を棄却しているのである。

筆者が何度も痛感したのは、日米最高裁の静的固定的態度と動的発展的態度の落差である。わが国の最高裁は、死刑の問題に関しても「現代多数の文化国家における」地殻変動を全く考慮することなく明治憲法下の一八七三年の時点で完全に思考を停止している。一方、合衆国最高裁は死刑制度自体を違憲と判示したことは一度もないが、各州の処刑方法が変わる毎に人間の尊厳という根本的な観点からその違憲性を徹底的に追及しているのであり、日米最高裁の態度の落差は際立っている。

時あたかも日弁連は、ブライア反対意見と前後して、二〇二〇年に向けての死刑廃止を打ち出している。わが国での死刑をめぐる問題点についてはスーパー・デュー・プロセスと死刑廃止論との関わりに言及した後、パチンコ店放火殺人事件を素材に第五章で徹底的に検討することとしたい。

第四章　スーパー・デュー・プロセスと死刑廃止論

第八修正の最大の問題は死刑の合憲性であるが、〝残虐で異常な刑罰〟という文言は一義的解釈に馴染まないが〝品位の発展的基準〟がその解釈基準であることも確立している。合衆国最高裁はウォーレン長官執筆の一九五八年の【5】トロップ判決において「第八修正の根底にある基本的概念は、人間の尊厳以外の何ものでもない」としつつ残虐で異常な刑罰の意味内容は「成熟社会の進歩を示す品位の発展的基準から引き出さなければならない」と判示したうえで死刑の合憲性を肯定したのである。

このような状況下に合衆国最高裁は一九七二年の【6】ファーマン判決において、州段階で死刑が確定した三事件について「これら各事案において死刑を科してこれを執行することは第八修正に反する残虐で異常な刑罰に相当すると判示」した。しかし、第八修正違反と断じているのはブレナン、マーシャル両裁判官のみで、ダグラス、ホワイト、スチュアートの三裁判官は、被告人ファーマンらは「恣意的に選別され」有意味な判断基準が示されないまま死刑を言い渡されたのであるから「雷に打たれた」のと同様に〝残虐で異常な刑罰〟を科せられたことになるとして同調したにとどまる。そして現に、合衆国最高裁は四年後の【7】グレッグ判決おいて、ファーマン判決に従って法を改正して死刑の判断基準について詳細な規定を設けたものの従前と同じく謀殺罪等の犯罪類型については死刑を保持している州法の下での死刑判決を第八修正に違反しないとした。

ところで合衆国最高裁は、争点類似事件として一九七六年グレッグ判決と一括審議した【A】プロフィット、

【B】ジュレックの両判決では改正された州法の下での死刑判決を維持しつつ、【C】ウッドソン、【D】ロバツ両判決では州法上の死刑判決を違憲とした。そして後者のウッドソン判決では、陪審の裁量の余地をなくすため一定の犯罪者に対する絶対的死刑を定めた州法を違憲とした際に個々の有罪確定被告人の性格等についての個別的検討を認めない絶対的死刑宣告手続は被告人をかけがえのない無比の人間としてでなく「顔のない等質の一団」として取り扱うのであり、犯罪者の性格および犯罪事情の個々的検討を要求する第八修正の根底にある人間性への基本的尊重と相容れないと判示した。そして一九七八年のバーガ長官執筆の【22】ロケット判決において、ウッドソン判決で絶対的な死刑制定法が無効とされたのは〝個々の犯罪者の性格と記録または特定の犯罪状況の関連面の検討を認めていなかったからである〟としたうえで、死刑は他の刑罰とは性質が全く異なることに照らし、死刑事案において各個人のかけがえのなさに十分敬意を払って各被告人を取り扱う必要性は死刑不適用事案におけるよりもはるかに重要であると判示したのである。

以下、ひとまず右先例を簡単にとりまとめつつ、ロケット判決等の意義に触れた後、スーパー・デュー・プロセスの提唱者とされるレイディン教授の死刑廃止論を詳しく検討しておく。

第一節　先例のまとめ

一九七二年のファーマン判決に応じて改正された各州制定法の下で死刑を言い渡した一九七六年のグレッグ等五判決ではスチュアート、パウエル、およびスティヴンズの各裁判官が順次判決を言い渡したが、【C】ウッドソン、【D】ロバツ両判決では死刑を違憲とするブレナン、マーシャル両裁判官がこれに同調したため死刑判決を維持した州最高裁判決が破棄差し戻された。さらに一九七八年の【22】ロケット判決ではバーガ首席裁判官が初めてスチュアート、パウエル、およびスティヴンズ裁判官の相対的多数意見に同調して自ら執筆し死刑判決を破棄差し戻した。そしてこのような相対的多数意見の動きにあわせて【8】コカ判決および【23】ゴッドフライ判決に注目したのがマーガレット・レイディン教授である。

前後するが、論述の便宜上、【22】ロケット判決および【23】ゴッドフライ判決を先に紹介しておく。

【22】ロケット減軽事由限定死刑違憲判決（一九七八年七月三日）

本判決（Lockett v. Ohio, 438 U.S. 586）は、質店強盗を提案し同店への案内はしたものの逃走用の車の中で待機するに留まっていたにもかかわらず、代理責任の理論（a theory of vicarious liability）の下で有罪とされたうえ、減軽事由として当該犯罪の状況および犯人の記録と性格を考慮する量刑判断者の裁量を厳しく限定する制定法に従って死刑を科せられた事案につき、第八修正および第一四修正違反を理由に、結論として七対一で原判決を破棄差し戻したものである。なお、ブレナン裁判官は本件審理に参加していない。

【判　示】　(1)　ロケット（X）は種々の理由でオハイオ州の死刑制定法の合憲性にチャレンジする。彼女がその下で死刑を科せられた制定法は減軽要素として彼女の性格、従前の経歴、年齢、被害者を死に至らしめる特段の意図の欠如、および当該犯罪における彼女の比較的小さな役割を量刑裁判官が考慮することを認めていないことを理由に彼女の死刑判決は無効であるとの彼女の主張についてのみ検討することが必要である。十分に釣合いのとれた観点から彼女の主張を検討するために、死刑制定法に第八修正および第一四修正を適用してきたわれわれの最近の判例における展開を概観することが有益である。われわれは〝白紙（clean slate）〟に書いているのではない。

(2)　当裁判所は量刑時における裁量が憲法に反することをファーマン判決以前に暗示したことは一切なかった。

しかし、ファーマン判決における判断を支持する各個別意見の結果として、死刑事案での裁量による量刑の憲法上の地位は突然（abruptly）変化した。ファーマン判決での問題は、〝[当裁判所の面前での各事案において]死刑を科して執行することが第八修正および第一四修正に違反する残虐で異常な刑罰に相当するか〟であった。二人の裁判官は、第八修正は死刑を完全に禁止していると結論し、その理由に基づいて死刑を維持した（原）判決を破棄することに賛成した。三人の裁判官は、死刑判決それ自体が第八修正および第一四修正の下で違憲であると判示することを望まなかったが、他の理由で原判決を破棄することに賛成した。

ファーマン判決での判断を支持する各個別意見の多様性から予想されるように、ファーマン判決は第八修正に一致して死刑を科すために何が必要であるかに関し混乱をもたらした。若干の州は、限られた一定の犯罪に対する絶対的死刑判決を採用し、それ故、死刑事案での量刑手続において裁量をすべて排除するのがファーマン判決の命令であると考えてこれに対応した。他の州は、死刑犯罪で有罪とされた被告人の責任を個別的に評価する従前の慣行を続けると同時に、指針となる量刑判断の基準を提供することによってファーマン判決に従おうとした。ファーマン判決の四年後にわれわれは、ファーマン判決以降の死刑制定法に関する五判決によって提示された第八修正の問題を検討した。四人の裁判官は、五件の制定法はすべて憲法に合致しているとの立場をとった。二人の裁判官は、いずれも憲法に合致していないとの立場をとった。それ故、各事案の処理は、ジョージア、フロリダ、およびテキサス州の各制定法の合憲性を維持し、そしてノース・カロライナおよびルイジアナ州の各制定法を違憲と判示する五事案において共同意見（joint opinion）を言い渡した三人の裁判官の投票に従って多様なものとなったのである。

立法府は非死刑事案において量刑時にどれほど多くの裁量が裁判官または陪審に委ねられるべきかを自由に決定できるけれども【C】ウッドソン判決における相対的多数意見は、死刑事案での絶対的死刑の歴史的拒絶（historical repudiation）を概観した後、次のように結論した、〝死刑事案において第八修正の根底にある人間性に対する基本的敬意は……死刑という刑罰を科す手続の憲法上不可欠な部分として個々の犯罪者の性格と記録および特定の犯罪の状況の考察を要求している。〟この宣言は、その他の量刑とは〝死刑という刑罰は質的に異なるという命題〟に依拠していた。死刑とそれ以外の刑罰との間のこのような質的相違は死刑が科せられるときにはより大きな程度の信頼性を要求していることをわれわれは確信する。ウッドソン判決において絶対的な死刑制定法が無効とされたのは、〝個々の犯罪者の性格と記録または特定犯罪の状況の関連面〟の検討をそれが認めていなかったからである。しかし、相対的多数意見は、犯罪者または彼の犯罪のどの側面を死刑量刑の際にそれが〝関連性〟を有すると考えたのか、あるいはそれが要求する〝関連面〟の検討がどの程度であるかを示そうとはしなかった。

(3)　われわれは今これらの問題に直面している、そしてわれわれは、極めて稀な種類の死刑を科せられる事案を除くすべてにおいて、被告人が死刑より軽い量刑を求める根拠として提出する被告人の性格または記録のいかなる側面および当該犯罪の状況に関するいかなる側面をも減軽要素として量刑判断者が考慮することを妨げられるべきでないことを第八修正および第一四修正は要求していると結論する。国民の権限（public authority）によって死刑を科すことは他のすべての刑罰とは全く異なることに照らし、個別的判断は死刑事案において本質的であるとの結論をわれわれは避けることができない。死刑事案において各個人のかけがえのなさに十分敬意を払って（with that degree of respect due the uniqueness of the individual）各被告人を取り扱う必要性は非死刑事案におけるよりはるかに重要である。すべての死刑事案において減軽理由の中で提出された被告人の性格や記録の側面および当該犯罪の状況に関して独立した減軽理由の重みの判断を量刑判断者にさせない制定法は、より厳しくない刑罰を要求できる要素があるにもかかわらず、死刑が科せられる危険を生ずる。その選択が生か死であるとき、このような危険を受け入れることはできず、第八修正および第一四修正の命令に違反する。

(4)　オハイオ州の死刑制定法は、第八修正および第一四修正によって死刑事案において要求されているとわれわれが判示する減軽要素のような個別的検討を認めていない。その憲法上の欠陥は、それと【7】グレッグ、【A】プロフィット、および【B】ジュレックの各判決で支持された制定法を比較することによって最も良く理解できる。

【7】グレッグ判決においてジョージア州制定法を支持した際にスチュアート、パウエル、およびスティヴンズの三人の裁判官は、当該制定法は〝いかなる加重状況・減軽状況であってもそれらを検討すること〟を陪審に認めている、そしてジョージア州最高裁は判決前調査の審問手続において〝公開で多岐にわたる議論〟を認めていたことを指摘した。【A】プロフィット判決で是認されたフロリダ州制定法は減軽要素のリストを含んでいたけれども、当裁判所の六人の裁判官は同法を是認する際に制定法の中で挙げられていた減軽要素の範囲は排他的ではなかったことを前提にしていた。【B】ジュレック判決は減軽要素に明示に言及していないテキサス州制定法に関わりがあり陪審は量刑手続において三つの質問に答えることを要求された。その二つ目は〝被告人は社会への継続的脅威をもたらすであろう暴力的犯罪行為を犯す蓋然性（probability）があるかどうか〟であった。同制定法が申立人の第八修正および第一四修正の攻撃を切り抜けたのは、三人の裁判官が、二つ目の問題は——その表面上の限定にもかかわらず——量刑判断者に被告人が示しうるいかなる〝減軽状況〟をも検討することを認めていると広く解釈したからである。われわれがグレッグ判決および争点類似事件において支持した制定法は、いずれもその当時、量刑判断者は独立した減軽要素として被告人の性格や記録のいかなる側面または彼の犯罪のいかなる状況をも検討することを妨げるように機能していなかったのは明らかであった。

この点において、われわれの面前にある制定法は大いに異なっている。被告人が一旦七つの一定の加重状況の少なくとも一つでの加重謀殺で有罪が認定されると、死刑が言い渡されなければならない。オハイオ州最高裁は、【A】プロフィット判決において是認された制定法とオハイオ州制定法との間に憲法上の相違はないと結論した。

しかし、オハイオ州裁判所の制定法の解釈の下においてであっても、同法の中で特定されている三つの要素だけが被告人の量刑を減軽する際に考慮されうるにすぎない。それ故、われわれは、被害者が当該犯罪を誘発ないし容易にしたのではないこと、被告人が強制・強要の下で行動しなかったこと、そして当該犯罪が主として被告人の精神的欠陥の産物でなかったことが一旦判断されると、オハイオ州制定法は死刑の判断を要求していると理解する。被告人が被害者の死をもたらすことを意図していたという直接証拠の欠如は減軽目的のために関連性はあるが、それが制定法上の三つの減軽要素の一つに若干の光を投げかけていることが決定された場合に限られる。

オハイオ州制定法の下で量刑判断者によって考慮されうる減軽状況の限定的範囲は、第八修正および第一四修正と一致しない。憲法上の要件に合致するためには死刑制定法は関連する減軽要素の検討を妨げてはならないのである。

【23】ゴッドフライ妻等殺害即自首死刑違憲判決（一九八〇年五月一九日）

本判決（Godfrey v. Georgia, 446 U.S. 420）は、夫婦喧嘩の末に家出した妻等を殺害直後に自首した被告人に対する死刑判決を維持したジョージア州最高裁の判断につき、その法律の解釈がグレッグ判決等に照らし余りにも曖昧すぎるとして六対三で第八修正に違反するとしたものである。

【判　示】　(1)「本件争点は、本件での死刑宣告を維持した際にジョージア州最高裁は加重事由に関する制定法の規定につき第八修正および第一四修正に違反するような曖昧かつ広範な解釈をしたかどうかである。」

(2)　ジョージア州最高裁は本件で、当該犯罪は〝余りにも残虐非道（outrageously or wantonly vile, horrible and inhuman）〟であるとの認定に基づいた死刑判決を維持した。これらの文言には死刑の恣意的宣告を内在的に制約するものは一切含まれていない。通常の感覚を有する人であれば、ほとんどすべての謀殺を〝余りにも残虐非道〟と特徴づけることができる。このような見解は、事実、陪審の各人が本件において支持した見解であったように思われる。もしそうであれば、陪審各員の偏見は公判裁判官の量刑に関する説示によっても払拭されなかったことになる。これらの説示は、制定法の文言の意味に関する指針を与えていない。何らの基準も提示されず事実上説示されていない陪審の無制約な裁量による本件死刑宣告は、ジョージア州最高裁による判決維持によっても治癒されなかった。

(3)　それ故、Xの死刑宣告の有効性は、本件事実に照らして、ジョージア州最高裁が〝残虐非道〟の文言解釈に憲法上の制約を加えたといえるかである。われわれは、これに対する解答はノーでなければならないと結論する。殺害された被害者は即死である。Xは本件殺害直後に自己の責任を認めている。これらの事由はXの行為の犯罪性を除去するものではないが、死刑宣告の判断は情緒ではなく理性に基づいたものであり、かつそのように見えることが重要である。

本件では、そのように言うことはできない。したがって、Xの死刑を維持した限りにおいてジョージア州最高裁判決を破棄し、さらに手続を尽くさせるために同最高裁に差し戻すこととする。

このように合衆国最高裁は一九七二年の【6】ファーマン判決において上告受理を容れた三事件についていずれも死刑を科すことは第八修正の禁止する残虐で異常な刑罰に相当すると判示したため、各州は従前の死刑制定法の見直しを迫られた。そして合衆国最高裁は一九七六年七月二日に一括審議した【7】グレッグ、【A】プロフィット、【B】ジュレックの三判決では新しい各州法の合憲性を肯定し、【C】ウッドソン、【D】ロバッツの二判決ではその合憲性を否定するが、死刑自体を残虐で異常な刑罰であるとするブレナン、マーシャル両裁判官の同調を得てスティヴンズ、パウエル、スチュアートの三裁判官が交互に判決を言い渡したものの、多数意見を獲得するに至ら

〈関連判例における最高裁判事の構成〉

事件名／裁判官名	【6】ファーマン判決（1972）	【7】グレッグ判決（1976）	【A】プロフィット判決（1976）	【B】ジュレック判決（1976）	【C】ウッドソン判決（1976）	【D】ロバツ判決（1976）	【22】ロケット判決（1978）	【8】コカ判決（1977）	【23】ゴッドフライ判決（1980）
ブレナン（56－90）	○	×	▽	▽	▽	▽	／	▽	▽
マーシャル（67－91）	○	×	▽	▽	▽	▽	▽	▽	▽
レンキスト（72－2005）	×	▽	×	×	×	×	×	×	×
ホワイト（61－93）	○	▽	×	×	×	×	▽	◎	×
スティヴンズ（75－2010）	○（ダグラス）	○	○	◎	○	◎	○	○	○
パウエル（72－87）	×	○	◎	○	○	○	○	▽	○
スチュアート（58－81）	○	◎	○	○	◎	○	○	○	◎
バーガ（69－86）	×	▽	×	×	×	×	◎	×	×
ブラックマン（72－94）	×	▽	×	▽	×	×	▽	○	○

枠内、相対的多数意見　◎ 執筆者　× 反対意見　▽ 同調意見　／ 不参加

なかった。しかし、一九七八年の【22】ロケット判決ではバーガ首席裁判官がこの三人の相対的多数意見（plurality opinion）に同調し自ら判決を言い渡したため大いに話題となったのである。

以上の関連判例における最高裁判事の賛否は上記のとおりである。

第二節　レイディン教授の判例分析

このような近時の最高裁の新しい動きに注目したのがスーパー・デュー・プロセスの提唱者とされるマーガレット・レイディン教授である。Margaret Jane Radin, Cruel Punishment and Respect for Person: Super Due Process for Death, 53 S. Cal. Rev. 1143 (1985)

以下、その論旨を紹介しておく。

(1) 相対的多数意見の意義

合衆国最高裁は、〝残虐で異常な刑罰〟を禁止する第八修正は死刑判決の事案において一種のスーパー・デュー・プロセス（a kind of super due process）に相当する量刑手続を要求している。【22】ロケット判決においてバーガ首席裁判官は、被告人が自己の犯罪の減軽情状として提示できる証拠を制限する制定法の下で死刑が科せられたのであれば、〝各個人のかけがえのなさに十分敬意を払う〟必要性からしてその処刑は残虐な刑罰であることになると論じた。手続的保護手段に焦点を合わせている点でロケット判決は争点類似事件である【7】グレッグ判決および【A】プロフィット判決、【B】ジュレック判決、【C】ウッドソン判決、【D】ロバツ判決の嫡子（child）である。これら一九七六年の五判決は、加重および減軽要素を考慮することを量刑判断者に命ずる制定法の下で科せられたのであればその死刑判決は有効であるとした。グレッグ判決において当裁判所の三人のメンバー（スチュアート、パウエル、およびスティヴンズ裁判官）は、これを殺人者に対する処刑が残虐か否か（vel non）の判断への支配的アプローチであるとした。

そして【22】ロケット判決においてバーガ首席裁判官は、彼らのアプローチに従った。それ故、合衆国最高裁の四人のメンバーは、一つの手続が、それが是認するまさにその出来事でなく、憲法の意味において残虐と考えられうるという命題（proposition）を受け入れたのである。【23】ゴッドフライ判決においてブラックマン裁判官は、余りにも曖昧なため恣意性を回避できない基準の下で科せられた死刑判決を無効とするためにスーパー・デュー・プロセスのアプローチに依拠したスチュアート裁判官の意見（パウエル、スティヴンズ両裁判官同調）に加わった。一九七二年以降、殺人者に対する処刑の再審査のための多数決のアプローチは存在しない。【8】コカ判決において均衡性を根拠とする新しい理論付け（rationale）が現れた、これはホワイト裁判官および他のスチュアート、ブラックマン、およびスティヴンズの三人の裁判官によって支持された。

「スーパー・デュー・プロセスの理論は、四人の裁判官の相対的多数意見によって依拠された。実際、スーパー・デュー・プロセスは当裁判所の判示（holding）である、死刑自体に反対するブレナンとマーシャル裁判官は、スーパー・デュー・プロセスの理論によって死刑判決が破棄されるとき常にその理論を支持する相対的多数意見に賛成しているからである。」

本稿は、殺人に対する死刑の司法審査へのスーパー・デュー・プロセスの変形（the procedural due process strain）、およびある手続が残虐と考えられるその根底にある見解を明らかにしようとする。とりわけ第八修正の分析における手続的デュー・プロセスの性格（strain）および刑罰の正当化理由としての報復主義との関わりにおいて人間に対する敬意の概念を探求しようとするものである。バーガ裁判官が【22】ロケット判決において詳論した〃各個人のかけがえのなさに払われるべき敬意〃は、実際、すべてのデュー・プロセスの保障の背後にあるばかりか、報復主義の背後にある道徳的実体（moral substance）でもある。本稿は最後に、われわれの政府制度の文脈下でのこの道徳的実体によれば、死刑は単に時々ではなく常に残虐な刑罰であると主張する。

最高裁の第八修正の判例に関する最も説得的な解釈によれば、刑罰には二つの制約がある。（脚注6）もしそれが功利主義的（utilitarian）理由および報復主義的理由の両者によって正当化されえないのであれば、その刑罰は憲法上の意味において残虐である。（脚注7）功利主義的方法で正当化されるには、刑罰は純然たる社会的利益（a net social gain）を産み出さなければならない、（脚注8）報復主義的方法で正当化されるには、刑罰は犯罪に対し人間が当然の報いを受けるものでなければならない。

（脚注6）　この二重の制約は、画期的な【8】コカ判決において最高裁が第八修正の刑罰に関する制約をどのように解釈したかに関する最も説得力ある見解である。コカ判決において相対的多数意見は、⑴もしそれが〝受け入れられている刑罰の目的にさしたる貢献をせず、それ故、無目的かつ不必要に苦痛を科す以外の何ものでもないのであれば、あるいは⑵当該犯罪の過酷さとの均衡を大きく欠いている〟のであれば、その刑罰は過重であり、それ故、残虐であると判示した。この基準の第一の分岐（first prong）は、純然たる社会的利益をもたらさない刑罰を排除する、黙示の功利主義として考えるのがベストである。第二の分岐は、犯罪に対し個人が当然受ける報い（deserve）という以上に個人の尊厳に反する刑罰を排除する、黙示の報復主義として考えるのがベストである。最高裁はコカ判決において、成人女性への強姦に対する死刑は第二の分岐に違反する、すなわち死刑は強姦犯罪に対しては不均衡であると認めた。それ故、最高裁は、強姦で有罪とされた者の死刑が社会的福祉に〝相当な貢献〟をするとしても、そのような刑罰は行き過ぎであると認めたことになる。

（脚注7）最も度々提供される刑罰の二つの制約は功利主義と報復主義――大ざっぱに表現すると、抑止と当然の報い――である。隔離と矯正のような刑罰の正当化理由は功利主義に吸収されうる。第八修正の二重の制約論の主張は二つの主要な前提に依拠している、すなわち、⑴憲法の趣旨からして（for the purposes）残虐な刑罰は正当化されない刑罰である、そして⑵両者の方法で正当とされない限り、刑罰は正当とされず、それ故、残虐である。

（脚注8）正当化されるためにはXの処罰が社会的福祉に純然たる利益をもたらし、かつその利益はXの処罰に起因する社会的損失より優っていなければならない。それ故、功利主義的正当化理由は黙示の制約を生ずる。例えば、功利主義的方法で死刑が正当化されるためには、死刑の存在による社会的損失に優るだけの終身刑以上の純然たる社会的利益がもたらされなければならない。

最高裁の多数意見は、死刑は純然たる社会的利益をもたらす、あるいは州はそのことを判断できるという考えを受け入れてきた。人間の尊厳ないし人間への敬意という言葉で説明される報復的制約（the retributivist limitation）の意味を追及するために、私（レイディン）は、最高裁の前提およびその相当性の両者を受け入れる（脚注11）。私は、経験的問題の付随物を伴う（with its concomitant empirical questions）二重の制約の功利主義的分岐を無視する。報復的分岐の下での問題は、道徳的基準が経験的調査によって適切に判断されない限り、道徳的であり経験的ではない。

(脚注11)　今までのところ最高裁は、すべての殺人者の処刑はその一部に対しては残虐であると結論してきた。例えば、【D】ロバッツ判決、【C】ウッドソン判決を見よ。しかし、殺人者の中には人間の尊厳に対する当然の敬意の侵害なしに処刑されうるものがいるという。例えば、【B】ジュレック判決、【A】プロフィット判決、【7】グレッグ判決を見よ。支配的な相対的多数意見は、処刑が人間の尊厳に違反するかの道徳的問題に関して世論の多数がどのように考えているかに関する自らの知覚に依拠する傾向にある。仮にその知覚が立法者が現に制定法化したことに基づいているのであれば、その結果は尊重(deference)ではなく立法権限への抑制機能の完全な放棄である。【8】コカ判決で相対的多数意見を執筆したホワイト裁判官は〝第八修正の下で死刑を受け入れることができるかの問題に関して憲法は結局のところわれわれの判断に関わりがあると考えている〟と指摘したとき、この問題を認識していた。そうであるにもかかわらず、人々が死刑を望んでいるとき、それは死刑を自動的に合憲(すなわち残虐でない)とする傾向は今なお続いている(persistent tendency)。

「この理由付けには二つの基本的な誤りがある。第一、残虐でない刑罰ないし道徳的概念の内容は、それに関する投票によって把握(capture)できない。第二、たとえ把握できるとしても、投票者の多くは残虐であることを望んでいるというまさにその理由で死刑を望んでいるといえよう(very likely)からである。まず第二の問題を取り上げる、そのような希望は憲法上容赦できない目的である。人々が時に残虐であることを希望するというその事実は、まず憲法上の保護を必要とする一つの理由である。それ故、そのような投票を評価するためには、それ(死刑)は残虐であると考えていることを理由に死刑に賛成するのは国民投票の何パーセントであるかの問題が経験的に調査されうるし、されるべきであると思われる。」

最初の問題に戻り、死刑に賛成票を投ずるすべての投票者は死刑は残虐でないと考えてそのようにすると仮定したとしても、それ（死刑）は残虐でないこと、あるいは残虐でないとして死刑を定義することを多数票は十分に立証できるのか？（1）〝それは正しい〟ということは〝私はそれを希望する〟ということに相当する、かつ(2)社会にとって〝正しい〟ということは多数者がある一定の時機に〝希望する〟と考えていたことであると仮定する、極端に主観的な道徳性の見解に従うのであれば、それ（死刑）を残虐でないと定義するのは有用かもしれない（could serve）。それでもなお死刑に賛成する国民投票は、それ（死刑）は事実残虐ではない証拠としても受け取ることができるのか？　すべての投票者がこの問題に関して内省的均衡（reflective equilibrium）に到達したと考えうる理由がない限り、それは大した証拠にはならないであろう。いずれにせよ、それは決定的証拠とはなりえない、それ（死刑）をそのようなものとして取り扱うことは極端に主観的な定義のアプローチに、あるいは少なくとも人々は道徳的誤りをしないという前提に逆戻り（slip back）するからである。しかし、人々は、道徳的誤りを犯す、そして彼らが誤りを犯すという事実は、憲法上の保障を受けるもう一つの理由である。

本稿は、人間の尊厳ないし個性（personhood）の基準には〝実体的〟側面と〝手続的〟側面があること、すなわち刑罰に関する報復的実体的制約の構成要素を形成する人間（person）に対するのと同一の敬意がスーパー・デュー・プロセスの手続的制約を産み出すことを提言しようとする。この提言の説得力を示すために本稿は、(1)誤りのリスク論に関してスーパー・デュー・プロセスの根拠（rationale）を概観し、(2)報復主義の概念を概観するための回り道をし、(3)人間への敬意の理論によって報復的制度における尊厳基準の機能を説明し、そして(4)この制約理論が刑罰としての死刑を阻止することを示そうとする。

(2)　人間への敬意と死刑

死刑判決には様々の誤りのリスクがある。「たとえ人を有罪と認定する基準が合理的疑いを越えた立証であるとしても、有罪・無罪に関する事実に関する誤りのリスクはある。」

現在の相対的多数意見によると、ありうる誤りのリスクの大半が量刑制度において除去されるのであれば、人間の尊厳は犯されたことにはならない。最高裁は未だこのことを判断していないけれども、たとえ最高裁が加重事由の評価における曖昧さや立証の基準の問題を回避するとしても、量刑裁量のジレンマないしファーマン－ロケット判決のパラドックス（Furman-Lockett paradox）に直面することになろう。ファーマン判決前には恣意性と非一貫性による誤りのリスクは憲法に反する裁量であり、そのため人間を尊敬しないことになるとされた。ロケット判決後に憲法上の裁量が要求されるのは、人間に対する敬意は各事案における当然の報い（desert）が完全に個別化された道徳的判断を必要とするからである。しかし、裁量は裁量である。

バーガ首席裁判官は多分、人間への敬意は死刑の〝必要性〟と比較衡量しなければならないと主張したかったのだろう。しかし、たとえ政府は必要な場合には市民に当然の敬意以下の態度で対処できるという結論は相当であると仮定したとしても、死刑は功利主義的な社会的利益または報復的正義を理由に必要であるということを今まで誰も立証していないのである。【22】ロケット判決における理由付けに照らし、人間に対する当然の敬意への必要性は、少なくとも仮定によって〝確証〟できないことについて最高裁が同意しないのは至難であろう。

「スーパー・デュー・プロセスは政治的制度の存在およびその誤りの可能性（fallibility）を考慮に入れる道徳的原理（a moral rationale）である。それに対する国民の支持の復活（resurgence of popular support）にもかかわらず、刑罰としての死刑に関するコンセンサスはない。さらに最高裁自身の一〇年間の混乱にさらに目を向ける必要はない。コンセンサスによって有効とされうるかに関するコンセンサスはないし、有効とされうるコンセンサスは何かについてのコンセンサスもない。そうであるにもかかわらず、死刑は報復的権利の下で検閲を通過すると主張するのは、深刻に分裂している命題をわれわれの社会に対する道徳的真実であると断言（assert）することになる。そのようなことは、死刑が廃止されるべきであり、かつ若干の正当とされる報復が否定されるべきであるとすれば生じるであろうリスクの〝不当性（wrong）〟よりも、個人へのはるかに大きな不当性のリスクとなろう。」

問題は、そのうちの誰かは分からないけれども、そのうちの誰かを誤って殺害しなければならない制度の文脈下において、死刑を宣告されたいかなる被告人に対しても相当な敬意を払うということが本当にできるのかである。「それ故、それはスーパー・デュー・プロセスの核心である平等問題に結びつく。」このような制度においてわれわれは、有罪とされた各被告人に事実上、次のように言うことになる。すなわち〝われわれは若干のリスクがあることを知っているけれども、あなたに死刑を科そうとしている。〟さらに本稿の最初に指摘したように、最高裁は事実、処刑は功利主義テストに合格できることを前提にしていたことを思い出して欲しい。それ故、われわれは、また各被告人に対して次のように言うことになる、すなわち〝われわれはそれを立証できないけれども、われわれの多数はあなたを殺すことによって若干の殺人者（の殺人）を抑止することになると考えている。われわれがあなたの特定の道徳的当罰（moral deserts）について誤っているかもしれないとしても、申し訳ないが社会の善のためにあなたを殺さなければならない。〟これは統計（statistic）としての取扱いであり、それは社会の目的の手段としての取扱いである。しかし、それは、〝かけがえのない個人に当然払うべき尊敬を払った〟取扱いではない。（at 1184-1185.）

なお、マーシャル裁判官は、人々が死刑は具体的にどのように行われるかを認識すれば抽象的な死刑への熱狂的支持（enthusiasm）は弱まるであろうと主張した。【7】グレッグ判決二三二頁（マーシャル反対意見）、【6】ファーマン判決三六一頁（マーシャル同調意見）、アルベルト・カミュも同じ意見だった。カミュは、その卓越した文章の真似は筆者には到底できないけれども、本稿で提示したのと酷似した主張をしている。（at 1182.）

第三節　スーパー・デュー・プロセスの意義と課題

以上、死刑をめぐる日米最高裁の動向を踏まえてスーパー・デュー・プロセス関連の合衆国最高裁判例を整理しつつ、死刑判決との関わりについて検討してきた。さしあたりスーパー・デュー・プロセスの意義と問題点について若干の視点を指摘するにとどめる。

第一、スーパー・デュー・プロセスの前提としての一九七二年の【6】ファーマン判決以降の合衆国最高裁判決、とりわけ一九七六年の【7】グレッグ等五判決および一九七八年の【22】ロケット判決の事実関係を含めた判示内容の把握の必要不可欠性であり、関連判例を知らずしてスーパー・デュー・プロセスは理解できない。やや複雑であるにもかかわらず、関連するコカ判決を含め判決文に即してその内容を紹介してきたのはそのためである。

第二、スーパー・デュー・プロセスの中心は、死刑の質的相違（qualitative difference）にある、死刑は未来永劫に人の生命を抹殺する取り返しのつかない刑罰であるから、他の刑種とは全く異なるというのである。この点は新規な主張ではないが、ファーマン判決からロケット判決に至る最高裁判例——とりわけ相対的多数意見——を綿密に分析して、最高裁も同旨であることを論証した点が画期的といってよい。具体的には、例えば、死刑判決についても非死刑事件と全く区別することなく「構成裁判官および裁判員の双方の意見を含む合議体の員数の過半数による」との裁判員法の規定（第六七条一項）はスーパー・デュー・プロセスからすると明らかに憲法違反ということになろう。

第三、とりわけ死刑廃止論との関わりで注目されるのは、「たとえ人を有罪と認定する基準が合理的疑いを越えた立証であるとしても、誤りのリスクは常にあるにもかかわらず、被処刑者の道徳的当罰（moral deserts）評価の誤りの可能性を認めつつ、社会のために死刑を科して生命を抹消するという考えは〝かけがえのない個人に当然払うべき敬意〟ではないという視点であろう。この点は団藤重光氏の「死刑廃止論」にも共通する視点と思われる。周知のように最高裁判事として一抹の不安を感じつつ合理的な疑いがあるとまではいえないとして上告を棄却した苦い経験が後の死刑廃止論に結びついたとする告白と一脈相通じるように思われる。ちなみに筆者は、当初ごく単純に、ごく僅かの疑いがあっても合理な疑い（a reasonable doubt）が残ることになろうと考えていた。ところが日本では「八対二、二つほど疑問が出てくると、人によっては有罪、人によっては無罪とするだろう」との記述に接し、団藤氏の〝一抹の不安〟を思い出した、そして余りにも皮相的な理解に終始していたことを猛省したのである。詳しくは、小早川義則『裁判員裁判と死刑判決［増補版］』二〇一頁以下。

そして最後に、残虐な刑罰と世論との関わりに関する記述は卓見と思われた。憲法は残虐な刑罰を禁止しているにもかかわらず残虐な刑罰こそが望ましいと考えて死刑を肯定する人がいるとすると、それはまさに憲法自体に反する考えであるため、死刑は憲法上肯定できることにはならないというのである。少なくとも管見した限り、今までに指摘されることのなかった重要な視点として注目されるのである。

第五章　問題点の検討

以上、四章にわたり絞首刑をめぐるわが国の最高裁判例を概観した後、アメリカでの絞首刑から致死薬物注射に至る処刑方法の変遷を分析してきた。これからも明らかなように、アメリカでは一八八八年（明治二一年）のニューヨーク州を皮切りに各州は次第に絞首刑を廃止し処刑方法を電気処刑や致死ガスなどに変更したが、その後いずれも残虐な刑罰であるとして廃止され、今日では最も苦痛が少なくより人道的であるとして致死薬物注射による処刑方法がすべての法域において採用されている。一方、わが国では、「死刑（絞首刑）の執行に関する唯一の根拠法規」である明治六年（一八七三年）太政官布告六五号が「新憲法下においても法律の効力を有する」とされているのである。

そこで以下、問題の所在を明らかにしたのち、日米最高裁の態度を対比し、とりわけパチンコ店放火殺人事件判決の問題点に改めて触れつつ、絞首刑は残虐な刑罰ではないとしてその合憲性を今なお肯定し続ける日本の最高裁への疑問を呈示することとしたい。

第一節　問題の所在

合衆国最高裁は死刑制度自体を違憲と判示したことは一度もない。謀殺罪に対する死刑の合憲性を改めて肯定した一九七六年のグレッグ判決は四年前のファーマン判決を〝変更〟したのではない。アメリカでは死刑制度を維持するかどうかの判断は各州に委ねられているため、州最高裁が州法の規定に基づいた死刑判決を維持した以上、合衆国最高裁は原則としてそれに介入できない。ただ、各州憲法の多くは第八修正と同一の〝残虐で異常な刑罰〟条項を有しており、その限りにおいて、合衆国最高裁判例を参考にすることは可能である。

以下、死刑および処刑方法に関する合衆国最高裁の一連の判例を、繰り返しになるが、改めて簡単に整理しておく。

一　合衆国最高裁の動向

一八七九年の【1】ウィルカーソン判決は、銃殺刑は憲法に違反しないことに異論はないとしたうえで「拷問その他これと同一線上にある不必要で残虐な刑罰は憲法によって禁止されていることを確認」すれば足りるとした。次に一八九〇年の【2】ケムラー判決は、ニューヨーク州知事からの絞首刑に代わる〝最も人道的な方法〟による処刑方法の要請に応じて州議会が電気処刑を採用したことを明示したうえで、残虐というのは「何か非人道的で野蛮な生命の単なる消滅以上の何か」を意味しており、電気処刑はそれに当たらないとした。そして一九四七年の【4】フランシス判決は、憲法の禁止する残虐な刑罰というのは「刑罰の方法に内在する残虐性であって人道的に生命を消滅させるために採用されたいかなる方法にも含まれる当然の苦痛ではない」としたうえで、全く予想されなかった電気処刑失敗後の再執行は残虐性を付加するものでないから合憲であるとした。

しかし、その後、一九七七年のオクラホマ州を皮切りに致死薬物注射による処刑方法が次第に一般化するとともに電気処刑や致死ガスの残虐性が指摘される。例えば、一九八三年の【16】グレイ判決での致死ガス処刑上告受理申立却下に対するマーシャル反対意見は、絞首刑や電気処刑よりも苦痛が少なくより人道的として採用された致死ガスは「これに結びつくトラウマが認識され、かつ致死薬物注射方式が一般に知られるにつれ」、このような傾向は逆転したと指摘する。そして一九八五年の【17】グラス判決での電気処刑上告受理申立却下に対するブレナン反対意見は、より迅速にかつより人道的な方法によって死刑囚の生命を消滅させるものであることが医学の専門家によって認められている致死薬物注射による処刑方法が今日存在していることを強調するのである。

二　死刑廃止論の再登場

死刑の執行方法に関するごく最近の合衆国最高裁の中でまず第一に最も注目されるのは、一九七二年のファーマン判決以来の死刑廃止論の登場である。二〇〇八年の【20】ベイズ判決でのギンズバーグ裁判官の反対意見（スータ裁判官参加）は、死刑制度の違憲性につき直接言及していない。ところが二〇一五年の【21】グロシップ判決でのブライア裁判官の反対意見（ギンズバーグ裁判官参加）は、死刑は第八修正の禁止する残虐で異常な刑罰であるとの見解を明らかにしているのである。

第二、ソトマイヨール裁判官の反対意見（ブライア、ギンズバーグ、およびケイガン裁判官参加）は、新たな薬剤ミダゾラムを用いた処刑方法の違憲性を主張するにとどまる、しかし前述のように、致死薬物注射のみが現在のアメリカで合憲とされていることを考えると、事実上の死刑違憲論とも解しうる。スカーリア裁判官の後任人事いかんによって「最高裁の判例の流れが大きく動くことも予想され(1)」ている折柄、合衆国最高裁が正面から死刑制度自体の第

八修正違反を明示する可能性もありうるのである。(2)

第三、ブライア裁判官が【7】グレッグ判決のほか、【A】プロフィット、【B】ジュレック、【C】ウッドソン、【D】ロバツの四判決に言及していることも注目されてよい。バーガ長官が一九七八年の【22】ロケット判決においてこれら各判決での三裁判官（スティブンズ、パウエル、スチュアート）に同調したため、死刑は他の刑罰とは質的に異なるとする合衆国最高裁のいわゆるスーパー・デュー・プロセス(3)の観点から、死刑の合憲性を再検討する作業はわが国でも有用と思われる。

そして最後に、このような合衆国最高裁の新しい動向に照らし、今から実に一四四年前の明治六年太政官布告に依拠したまま絞首刑の合憲性を維持し続けているわが最高裁の問題点を洗い出す作業の必要性は否定できないにもかかわらず、その後のアメリカ法の動向は必ずしも十分に把握されていないのである。

(1)　浅香吉幹「スカーリアの思い出」二〇一五―二アメリカ法一八九頁。

(2)　永田憲史「本判決紹介」二〇一六アメリカ法一八八頁は、「本判決は結論こそ合憲であるが、五対四の僅差であり、死刑自体が違憲とされるXデーがいよいよ指呼の間にあることを示すものと言えよう」と指摘している。

(3)　詳しくは、小早川義則『デュー・プロセスと合衆国最高裁Ⅲ――弁護人依頼権、スーパー・デュー・プロセス』（成文堂、二〇一三年）三四五頁以下。

第二節　日米最高裁の対比

日米憲法は残虐（で異常）な刑罰を禁止する同一の憲法条項を共有しているにもかかわらず、こと処刑方法としての絞首刑に関しては、すでに詳論した通り、日米最高裁の態度は全く異なっている。

以下、わが最高裁の判例を簡単に振り返った後、冒頭で述べたパチンコ店放火殺人事件に関する検察官の答弁書にも触れつつ、合衆国最高裁の態度とを対比することにより、その問題点を明らかにすることとしたい。

一　日本国最高裁

(1)　最高裁は一九四八年の【一】大法廷判決において、死刑の違憲性を否定した際に次のような判断を示した。すなわち、

「生命は尊貴である。一人の生命は、全地球よりも重い。」死刑は、まさにあらゆる刑罰のうちで最も冷厳な刑罰であり、またまことにやむを得ざるに出ずる窮極の刑罰である。されば、「各国の刑罰史を顧みれば、死刑の制度及びその運用は、総ての他のものと同様に、常に時代と環境とに応じて変遷があり、流転があり、進化がとげられてきた」ということが窺い知られる。憲法第三一条によれば、国民個人の生命の尊貴といえども、法律の定める適理の手続によつて、これを奪う刑罰を科せられることが定められている。「すなわち憲法は、現代多数の文化国家におけると同様に、刑罰として死刑の存置を想定し、これを是認したものと解すべきである。」ただ死刑といえども、他の刑罰の場合におけると同様に、その執行の方法等がその時代と環境とにおいて人道上の見地から一般に残虐性を有するものと認められる場合には、勿論これを残虐な刑罰といわねばならぬから、「将来若し死刑について

火あぶり、はりつけ、さらし首、釜ゆでの刑のごとき残虐な執行方法を定める法律が制定されたとするならば、その法律こそは、まさに憲法第三六条に違反するものというべきである」と判示したのである。

最高裁は次に一九五五年の【二】大法廷判決において、絞首刑の違憲性を否定した。すなわち、刑罰としての死刑は、「その執行方法が人道上の見地から特に残虐性を有すると認められないかぎり」、直ちに憲法三六条にいわゆる残虐な刑罰に当たらないことは当裁判所大法廷の判示するところであり、現在各国において採用している死刑執行方法は、絞殺、斬殺、銃殺、電気殺、瓦斯殺等であるが、「これらの比較考量において一長一短の批判があるけれども、現在わが国の採用している絞首方法が他の方法に比して特に人道上残虐であるとする理由は認められない」と判示した。そして最高裁は一九六一年の【三】大法廷判決において初めて死刑の執行方法に関する事項を定めた明治六年太政官布告六五号は「新憲法下においても、法律と同一の効力を有する」との判断を示した。

このような一連の大法廷判決を受けて最高裁第二小法廷は二〇一一年一一月一八日、「死刑制度がその執行方法を含め憲法に違反しないことは当裁判所の判例」であるとしてパチンコ店放火殺人事件の上告を棄却したのである。

二　合衆国最高裁

一方、合衆国最高裁は当時「最も人道的とされた」電気処刑の合憲性を肯定した一八八八年の【2】ケムラー判決以降、絞首刑と比較しつつ各処刑方法の違憲性を判断してきた。一九七二年の【6】ファーマン判決では、死刑は残虐で異常な刑罰であるかにつき見解が大きく分かれたが、ブレナン、マーシャル両裁判官が最高裁判事として初めて死刑の違憲性を明示したため、わが国でも大いに話題となった。そして【16】グレイ、【17】グラス、【18】ゴメスの三判決では、致死ガスや電気処刑に関する上告受理却下判決に対し、マーシャル裁判官やブレナン裁判官そしてスティヴンズ裁判官が処刑方法の実態を踏まえた綿密な反対意見を表明した。さらに二〇〇八年のマータ判決において絞首刑の違憲性を明示しないことに対するブラックマン裁判官の絞首刑の実態を赤裸々にした上での反対意見があり、この段階でいずれの処刑方法も残虐で異常な刑罰であることが事実上確認されたといってよい。このような背景の下で二〇〇八年のベイズ判決は、最も苦痛が少なく人道的であると考えられる致死薬物注射だけが現時点で残虐で異常な刑罰に該当しないとしてその合憲性を肯定した。そして二〇一五年のグロシップ判決も同様に致死薬物注射による死刑の合憲性を肯定したが、これに対し死刑は事実上違憲である旨の四人の裁判官の激しい反対意見が付されているのである。

このグロシップ判決の反対意見を理解する上でも欠かせないのは、死刑制度の合憲性を改めて確認した一九七六年七月二日の【7】グレッグ判決において争点類似事件として一括審理された【A】プロフィット判決、【B】ジュレック判決、とりわけ【C】ウッドソンおよび【D】ロバツの二判決である。

以下、前後するが右四判決を順次――【C】ウッドソン、【D】ロバツの二判決については詳しく――紹介した後、スーパー・デュー・プロセスともろに関わる【22】ロケット判決の意義について考えることとしたい。

【A】プロフィット判決（一九七六年七月二日）

本判決（Proffitt v. Florida, 428 U.S. 242）は、公判裁判官が死刑を科すかどうかの判断に際し制定法上の八個の加重事由と七個の減軽事由を検討しなければならないとするフロリダ州の新しい制定法につき、陪審ではなく公判裁判官が判断する点を除き、グレッグ判決と類似しているとしてその合憲性を支持したものである。

【B】 ジュレック判決（一九七六年七月二日）

本判決（Jurek v. Texas, 428 U.S. 262）は、テキサス州の新法は量刑手続につき陪審が有罪の認定後に以下の三点、すなわち、①被告人の行為が故意かつ死が生ずるであろう合理的予測の下で行われたか、②被告人は社会にとって継続的脅威となる犯罪行為を行う可能性（probable）があるか、③被告人の行為は故人に対する挑発への不合理な対応であったか、以下の三点に答えることを要求する手続を採用した。そして三つの質問に対する陪審の答えが肯定的であることを州が合理的疑いを越えて立証したと認めれば死刑が科せられる、そして質問への答えがいずれも否定的であれば終身刑が科せられる。それ故、新法はファーマン判決で無効とされた制度の恣意的で気紛れを除去しているとして、その合憲性を支持したものである。

【C】 ウッドソン判決（一九七六年七月二日）

本判決（Woodson et al v. North Carolina, 428 U.S. 280）は、第一級謀殺罪に対する必要的死刑は第八修正および第一四修正に違反するとしたものである。

【事　実】　本件申立人（X、Y）は、コンビニ食料品店での武装強盗に参加し、その過程においてレジ係が殺害され、一人の客が重傷を負ったため、第一級謀殺罪で有罪とされた。強盗には四人が参加した、すなわち、申立人ウッドソン（X）とワクストン（Y）の二人およびZとWである。X、Yの公判で、ZおよびWは、より軽い犯罪に対し有罪の答弁をすることが認められた後で検察証人として証言した。X、Yは自己を防禦するために証言した。

検察側証拠は、四人の男たちがいつか強盗をしようと話し合っていたことを立証した。運命の日、ウッドソン（X）は、たらふく酒を飲んでいた。午後九時三〇分頃にYとZがXの住んでいたトレーラ・ハウスにやって来た。

Xがトレーラ・ハウスから外に出たとき、Yは Xの顔面を殴りつけ彼の酔いをさまし、一緒に強盗をしようと誘った際に［参加しなければ］彼を殺すと脅かした。彼ら三人はYのトレーラ・ハウスに出かけ、そこでWと会った。Yはデリンガー銃で武装し、ZはXにライフル銃を手渡した。それから四人はコンビニ店で強盗をするために車で出発した。目的地に到着するとZとYが店の中に入り、WとXは見張り役として車の中に留まっていた。店の中に入ると、Zがレジ係の女性からタバコを一箱買った、そしてYもタバコ一箱を頼んだが、レジ係が彼の方に近づいたとき彼はズボンのポケットからデリンガー銃を抜き出し、至近距離から彼女めがけて発射し彼女に致命傷を負わせた。その後間もなく両手に紙幣をつかんだYが現われた。Z、Yは車に乗り込み、四人は逃走した。

中立人（XとY）の強盗の状況に関する話は大筋において一致していたが、重要な点で全く異なっていた、すなわちYは、銃を持っていたことは一切なかったと主張し、レジ係と客を撃ったのはZであると主張したのである。公判の間ワクストン（Y）は、Zの有罪答弁と同じように、より軽い犯罪での有罪答弁を認めるよう求めた。しかし法務官（solicitor）は、この有罪答弁の申立てを受理することを拒絶した。

中立人（X、Y）は、すべての起訴犯罪について有罪と認定され、制定法によって要求されているとおり、死刑を言い渡された。ノース・カロライナ州最高裁はこれを維持した。

これに対し合衆国最高裁は、本件において死刑を科すのは合衆国憲法第八修正および第一四修正に一致するかを検討するために上告受理の申し立てを容れ、結論として五対四で原判決を破棄差し戻した。なお、以下の判示の執筆はスチュアート裁判官（パウエル、スティヴンズ両裁判官同調）である。

【判　示】　中立人（X、Y）は、死刑を科すのはいかなる状況下においても残虐で異常な刑罰であり、第八修正および第一四修正に違反すると主張する。われわれは本日、グレッグ判決において述べた理由でこの主張を退ける。

一九七二年のファーマン判決の時点でノース・カロライナ州法は、第一級謀殺罪の事案で陪審は有罪とされた被告人に死刑を科すか、それとも無期拘禁刑を科すかを無制約の裁量で選択できると定めていた。ノース・カロライナ州議会は一九七四年に裁判所の指導（lead）に従った、そしてそれが死刑を必要的とする点を除き、本質的に旧法と変わらない新法を制定した。一九七四年七月三日に彼らの犯罪を犯した申立人は、この制定法の下で審理され、有罪とされ、そして死刑を言い渡された。

ノース・カロライナ州は、それ故、フロリダ、ジョージア、およびテキサスの各州と異なり、第一級謀殺罪で有罪とされたすべての人に対する死刑を必要的量刑（the mandatory sentence）とすることによってファーマン判決に応じたのである。

申立人は本件において、当裁判所の面前にある他の四件の死刑事案におけるように、ノース・カロライナ州は死刑を科すための手続のすべての側面から裁量を除去していることを理由に、彼らの死刑は憲法に反して科せられたと主張する。われわれは、本日、グレッグ、プロフィット、およびジュレックの各判決において類似の主張を退けた。しかしノース・カロライナ州の第一級謀殺罪に対する死刑制定法の必要的性質は、第八修正および第一四修正の下でそれとは異なる問題を提示している。

A　第八修正適用の中心問題は、刑罰を科すことに関する現代の基準の判断である。【7】グレッグ判決一七六—一八二頁で論じられたように、従前の判決の中で示されている社会的価値の徴憑は、歴史と伝統的用語、議会の制定法、および陪審の判断を含む。

われわれは本件において、これらの要素の関連性を評価するための判断枠組を提供するために、まず合衆国における必要的死刑制定法の概要を述べる（sketching）こととする。第八修正が一七九一年に採用された当時、各州は一様に、若干の特定犯罪に対する死刑を排他的かつ必要的（exclusive and mandatory）とするコモンローの実務に従っていた。アメリカの英領植民地での死刑を科せられる犯罪（capital offense）の範囲は、当時イギリスにおいて死刑によって処罰可能とされていた二〇〇以上の犯罪と比較すると、極めて限られていたけれども、革命時代の英領植民地は、典型的には最小限、謀殺、大逆罪、海賊、放火、強姦、強盗、住居侵入、およびソドミィを含むかなり多くの犯罪で有罪とされた者すべてに死刑を科していた。ほぼ当初から陪審員は、絶対的な刑罰の過酷さに賛成しない（unfavorably）反応を示していた。州は当初、このような国民の必要的死刑制度への不満（dissatisfaction）に対し死刑を科せられる犯罪の種類を限定することによって応じた。

ペンシルヴァニア州は一七九四年に、必要的死刑犯罪を〝悪意・故意による計画的な〟殺害をすべて含む〝第一級謀殺〟に限定することによって法の不当な過酷さを緩和しようとした。ヴァージニア、オハイオ両州を含む他の法域は間もなく類似の処置を制定法化し、そして一世代の間にこの実務はほとんどの州に広がった。

謀殺を等級に分けることが広汎に受け入れられていたにもかかわらず、この改革は、死刑によって適切に処罰できる人を見極める（identifying）方法として不十分な立法であることが次第に明らかとなった。その失敗は、悪意（willfulness）、故意（deliberateness）、計画性（premeditation）などの支配的概念が漠然とした性質であることに一部基づいていたけれども、改革のより根本的な弱点は間もなく明らかとなった。陪審は第一級謀殺罪の多くの事案において死刑は不相当であると認定し続け、そして当該犯罪で有罪とすることを拒否し続けたからである。

われわれが本日グレッグ判決で指摘したように、国民によって選ばれた代表によって採用された立法措置は現代の品位の基準を確証する際に大いに重視される（weigh heavily）、前世紀の半ば以降、州の立法府および連邦議会によって示された一貫したコースは、必要的死刑制定法への陪審員の嫌悪（aversion）は社会全般によって共有されていることを示している。

当裁判所は必要的死刑制定法の合憲性について決定したことは一度もなかったけれども、一八九九年に遡る何度かの機会に、自動的な死刑判決に対するわれわれの社会の嫌悪について述べたことがある。Winston v. United States, 172 U.S. 303 (1899) において当裁判所は、〝コモンローでの殺人の定義に入るすべての犯罪を死刑で処罰することの過酷さ (hardship)、および〔死刑を科せられる事案での〕有罪に同調することへの陪審員のためらいが、現代において、若干の殺人の事案につき死刑に代えて拘禁刑で処罰することを認めるアメリカの立法府を誘発したと指摘した。

さらに最近になると当裁判所は一九七一年のマクゴーサ判決 (McGautha v. California, 402 U.S. 183) において、〝有罪とされたすべての謀殺者に必要的死刑を科すコモンロー・ルールに反対するアメリカ人の反逆 (rebellion)〟によって促進された、この国における死刑判決を裁量的に科す展開過程 (evolution) を詳論した。ファーマン判決裁判所のメンバーが同意した、死刑に関する展開的な社会的価値に関する重要な一つの要素はおそらく、必要的死刑判決に関するわが国民 (our Nation) の拒絶に関するマクゴーサ判決の正確性であった。

一九七二年のファーマン判決時点において、必要的死刑制定法はアメリカの陪審員および立法府によって非難されていたことは疑問の余地なく明らかであるけれども、ファーマン判決に従ってノース・カロライナ州およびその他のいくつかの州によって採用された必要的死刑制定法は、死刑を科すことに関する社会的価値の逆行 (reversal) を示しているかの問題がなお残されている。

第八修正はその意味を〝成熟社会の進歩を示す品位の発展的基準〟から引き出すことは今では十分に確立している。上記の論述が明らかにしているように、死刑の取扱いに関するわれわれの社会の最も重要な展開の一つは、特定の犯罪で有罪とされた人のすべてに死刑判決を科すコモンローの実務の根絶であった。ノース・カロライナ州の第一級謀殺罪への必要的死刑は、死刑に関する現代の基準から著しくかけ離れている、それ故、州の処罰権限の枠組は文明化された基準の限度内で行使されるという、第八修正および第一四修正の要求に一致して適用できないことになる。

B　ノース・カロライナ州の必要的死刑制定法の他の欠陥は、死刑を科す際の陪審の無制限の裁量を拒絶するファーマン判決に憲法上耐えることのできる反応を示していないことである。ファーマン判決での限定的判示の中心は、基準のない量刑権限を陪審に付与するのは第八修正および第一四修正に違反するという確信であった。第一級謀殺罪の事案での死刑に関する長年にわたる一貫したアメリカの経験を考えると、ファーマン判決に応じて新しく制定された必要的［死刑］制定法は、指針がなく野放しの陪審裁量を糊塗した（papered over）にすぎないことは明らかである。

必要的制度は、量刑手続を合理化するのでなく刑罰の決定を特定の陪審の無法な行動に任せることによってファーマン判決で明らかにされた問題をさらに悪化（exacerbate）している。

C　ノース・カロライナ州法の第三の欠陥は、死刑判決を言い渡す前に有罪とされた各被告人の性格や記録に関する関連する側面の個別的検討を認めていないことである。ファーマン判決において当裁判所のメンバーは、死刑はそれ以外の制裁とはその程度でなく種類において異なる刑罰であることは否定できないことを認めた。408 U.S. at 286-291（ブレナン同調意見）、id., at 306（スチュアート同調意見）。個々の犯罪者の性格や経歴または特定の犯罪状況の関連面（relevant facets）を重視しない手続は、最終的な死刑の刑罰を決定する際に人間の種々の弱さ（diverse frailties of humankind）から生ずる同情心ないし減軽要素（compassionate or mitigating factors）の可能性を考察していない。「それは特定の犯罪で有罪とされた人を、かけがえのない個々の人間（uniquely individual human beings）としてでなく、すべて盲目的に死刑を科せられる顔のない等質の集団（faceless. undifferentiated mass）として取り扱っている。」

公正で相当な量刑に達するために犯人および犯罪の両者を考慮することは、進歩的で人道的な展開として考えられてきた。個別的な量刑判断の支配的慣行は憲法の命令というより啓蒙的ポリシーを反映しているにすぎない、われわれは、しかし、死刑適用事案において第八修正の根底にある人間性に対する基本的敬意は、死刑という刑罰を科す過程の憲法上不可欠な部分として、個々の犯人の性格と記録および特定の犯罪状況の検討を要求すると信じる。

この結論は、死刑はいかに長期なものであれ、拘禁刑とは質的に異なっているという命題に依拠している。死は、その終局性において、一〇〇年の刑期が一年または二年の刑期と異なる以上に、拘禁刑とは全く異なる。このような質的相違（qualitative difference）があるので、死刑が一定の事案において相当な刑罰であることを判断する際の信頼性判断の必要性においても、それに相応する相違がある。

以上に述べた理由でわれわれは、ノース・カロライナ州の絶対的な死刑制定法の下で申立人に科せられた死刑判決は第八修正および第一四修正に違反する、それ故、破棄されなければならないと結論する。

【D】ロバツ判決（一九七六年七月二日）

本判決（Roberts v. Louisiana, 428 U. S. 325）は、第一級謀殺罪での必要的死刑判決は第八修正および第一四修正に違反するとしたものである。

【事　実】　一九七三年八月一八日早朝、Aは彼が働いていたルイジアナ州チャールズ湖のガソリン・スタンドで死んでいるのが発見された。彼は頭部を四発撃たれていた。四人の男――本件申立人ロバツ（X）、Y、Z、およびW――が、同謀殺に関与したとして逮捕された。Xはその後、〝Aへの武装強盗に加わっている間に殺害または重大な身体への危害を加えるという特定の故意でAを殺害することによってルイジアナ州制定法……に違反して第一級謀殺罪を犯した〟という大陪審の告発（grand jury on a presentment）によって起訴された。

申立人（X）の公判でY、Z、およびWは、検察側証人として証言した、彼らの証言によると、八月一七日の深夜直前にXは、ZおよびYと〝ガソリン・スタンドにいるあの老人（A）から金を奪う（ripping off）〟こと、そして八月一八日早朝にWとXが職探しの口実でガソリン・スタンドに出かけることについて話し合った。Aが彼らに提供できる仕事はないと告げた後で、彼らは秘かにガソリン・スタンドの事務所に入り、そしてWが机の引出しからピストルを取り出した。Xはピストルを手に入れることを強く主張した。Aが事務所に戻って来たとき、XとWは彼（A）を攻撃し、それから彼を裏の小さな部屋に引きずっていった。その直後に一台の車が到着した。Wは事務室の外に出てガソリン・スタンドの店員である振りをして、その客におよそ三ドル分のガソリンを売った。まだ外にいる間にWは、事務所の中で四発の銃声を耳にした。彼が事務所の中に戻ると、XはおらずAが血まみれで床に倒れていた。Wはいくつかの空の金袋（money bags）を奪って逃走した。

陪審は、Xを起訴どおり有罪と認めた。公判裁判官は、州法に従って彼に死刑判決を言い渡した。ルイジアナ州最高裁はこの判決を支持した。これに対し合衆国最高裁は、本件において死刑を科すことは合衆国憲法第八修正および第一四修正に違反するかを検討するために上告受理の申し立てを容れ、五対四で原判決を破棄した。

なお、死刑は第八修正の禁止する残虐で異常な刑罰であるとするブレナン、マーシャル両裁判官がスチュアート、パウエル、およびスティヴンズ裁判官の相対的多数意見（plurality）に同調したため、原判決破棄の結論は五対四であるが、以下の判示はスティヴンズ裁判官が言い渡した。

【判　示】　1　ルイジアナ州議会は一九七三年、一九七二年の【6】ファーマン判決に応じて謀殺および死刑に関する州の制定法を修正した。これらの修正以前には、ルイジアナ州法は〝謀殺（murder）〟の犯罪について、殺害又は身体への重大な危害を加えるという特定の故意を有する犯罪者による、又はたとえ殺害の故意を有していないとしても、若干の重罪の遂行ないしその未遂に参加した犯罪者による人の殺害であると定義していた。陪審は次の四つの評決、すなわち、有罪、死刑なしの有罪、故殺（manslaughter）での有罪、又は無罪の評決のどれかを自由に下すことができた。

州議会は一九七三年の修正で、このような裁量的制定法を、新たに定義された第一級謀殺罪で被告人の有罪を陪審が認定する時には、常に、死刑が科せられるとする完全に必要的制定法に変更した。

陪審は従前の制定法の下では、陪審が被告人を謀殺罪で有罪と認定したいかなる事案においても、それが死刑を科すことを要求する有罪の評決であるか、又はその刑罰が終身の懲役刑（at hard labor）である死刑を科さない有罪の評決であるかを問わず、無制限の選択権を有していた。新しい制定法の下で陪審は、殺害時に二つの要件が存在したかだけを判断することが求められる、すなわち、殺害又は重大な身体の危害を加える特別な故意があり、かつ犯罪者が武装強盗に参加したのであれば、その犯罪は第一級謀殺罪であり、その必要的刑罰は死刑である。これらの要件の一つだけが存在するのであれば、その必要的刑罰は終身の懲役刑である。陪審がその評決に加わることができる条件ないし勧告（qualification or recommendation）――評決が第一級謀殺罪である場合には死一等の減刑（mercy）とするというような勧告――は、何の効力も有しない。

2　申立人は、いかなる状況下においても死刑を科すのは第八修正および第一四修正に違反する残虐で異常な刑罰であると主張する。われわれは、この主張を本日【7】グレッグ判決において述べた理由で退ける。

3　ルイジアナ州は、ノース・カロライナ州と同様、死刑（を科せられる）事案において裁量的な陪審量刑を必要的な死刑判決に置き換えることによって、ファーマン判決に対応した。現在のルイジアナ州法の下では、第一級の謀殺罪、加重強姦、加重誘拐、又は反逆罪で有罪と認定されたものはすべて自動的に死刑を言い渡される。

第一級謀殺罪の事案を規制するルイジアナ州制定法とノース・カロライナ州制定法の間には、二つの大きな相違がある。第一、ノース・カロライナ州での第一級謀殺罪の犯罪は、故意による計画的殺人および重罪謀殺（felony murder）を含む。他方、ルイジアナ州では、第一級謀殺罪を五類型の殺人――若干の重罪の遂行に結びついた殺人、任務遂行中の消防士または警察官（peace officer）の殺害、報酬目的の殺人（killing for remuneration）、二人以上の人に危害を加える意図による殺人、殺人の前科があるか現在終身刑を受けている者による殺人――に限定する。第二、ルイジアナ州はそれぞれに応じた独特な評決制度を採用している、すなわち、その制度の下では第一級謀殺罪のすべての事案において陪審は、第一級謀殺罪、第二級謀殺罪、および故殺に関して説示されなければならない、そして有罪、第二級謀殺罪での有罪、故殺での有罪、および無罪の各評決を下さなければならない。これとは対照的に、より軽い犯罪に含まれている犯罪に関するノース・カロライナ州の説示（instructions on lesser included offenses）には、公判で提出された証拠の中に（それを裏付ける）根拠がなければならない。

ルイジアナ州がノース・カロライナ州と異なったやや狭い第一級謀殺罪の定義を採用したということに支配的な憲法上の意味はない。必要的な死刑制定法の歴史は、死刑適用殺人の範囲を限定したとしても、それは必要的な死刑制定法の過酷さと硬直性に対する対応として不十分であるという確固とした社会の見解を示している。大多数の法域は、まず最初に、死刑適用殺人の定義を限定することによって、有罪とされたすべての殺人者に自動的に死刑を科すというコモンロー・ルールの到底受け入れられない過酷さに対応した。これらの法域はいずれも、そのようなアプローチでは不十分であることを認めた後で必要的死刑量刑を裁量的量刑に変更したのである。【C】ウッドソン判決二九〇～二九二頁。

必要的な死刑制定法の憲法上の欠陥――特定の犯罪状況および犯罪者の性格と性癖（propensities）への焦点の欠如――は、第一級謀殺罪を種々の類型の殺人に限定するルイジアナ州法によって解決されない。特定の重罪犯罪を遂行中の殺人という単一の類型に入る事案で提示される状況の多様性は、そのような犯罪に関与した犯罪者の多様性とともに、ルイジアナ州制定法およびそれと類似のノース・カロライナ州制定法の過酷さを明確に示して

（underscores）いる。ルイジアナ州法におけるそれ以外のより限定された第一級謀殺罪の類型であっても、特定の犯罪の状況により又は個々の犯罪者の属性（attributes）により提示された減軽要素を検討する有意味な機会を提供していない。

ルイジアナ州の必要的な死刑制定法は、基準のない陪審裁量は恣意的かつ気紛れに死刑を科すことを防止する手続によって取り替えられるべきであるというファーマン判決の要求にも応じていない。州（検察側）は、ルイジアナ州は死刑適用殺人事件において陪審からすべての量刑権限を奪うことによって満足できる十分な手続を採用したと主張する。州の主張によると、いかなる殺人事件においても死刑なしの有罪評決を下すファーマン判決以前の陪審の権限を削除することによってこのことが達成されたというのである。

しかし、現行のルイジアナ州の制度の下での第一級謀殺事件においてすべての陪審は、第二級謀殺および故殺の犯罪に関して説示される、そしてたとえより軽い犯罪の評決を支持する根拠がかけらもない（not a scintilla of evidence）としても、これらの評決を検討することが許される。そしてより軽い評決が下されると、それはすべてのより重い起訴犯罪の無罪放免（an acquittal of all greater charges）として取り扱われる。それぞれの評決に応じたこのような手続は、第一級謀殺者を選択する際に陪審を指導する基準が欠如しているだけでなく、死刑は相当でないと陪審が感じるときは常に宣誓を無視してより軽い犯罪への評決の選択を陪審に要請（invites）するものであるのは明らかである。公判裁判官の説示を無視してこのような要請を進んで受け入れる彼らの意図（willingness）には、死刑を回避する陪審の権限に依拠する点において気紛れの要素がある。

ルイジアナ州制定法は、それ故、【C】ウッドソン判決においてノース・カロライナ州制定法について確認されたのと同一の憲法上の欠陥がある。ノース・カロライナ州におけるように、第一級謀殺罪での有罪判決に基づいた死刑判決は必要的である。ルイジアナ州の必要的な死刑制定法は、一三〇年前に同州議会によって拒絶され、その後この国のすべての法域において立法府および陪審によって拒絶された手続を採用している。〝成熟社会の進歩を示す品位の発展的基準〟からその意味の多くを引き出す第八修正は、このように徹底的に信用されなかった（discredited）実務の再導入を容赦（tolerate）しないのである。

したがって、われわれは、ルイジアナ州の必要的な死刑制定法の下で中立人に科せられた死刑判決は第八修正および第一四修正に違反していると認め、そしてそれは破棄されなければならないと判示する。

このように【C】ウッドソン判決は、四人組によるコンビニ店での武装強盗時にレジ係を射殺し客の一人に重傷を負わせたため全員が第一級謀殺罪で起訴されたところファーマン判決に従って改正されたノース・カロライナ州制定法は量刑裁量を一切認めず一律に死刑を科すことになっていたためその規定が適用されて死刑が言い渡された事案につき、死刑判決を言い渡す前に被告人の性格や記録に関連する個別的検討を認めていないとして同法の違憲性を肯定した際に次のように判示した、すなわち、個々の犯罪者の性格や経歴又は特定の犯罪の状況の関連面を重視しない手続は、究極的な死刑という刑罰を決定する際に人間の種々の弱さから生ずる同情心ないし軽減要素の可能性を考察しない。「それは一定の犯罪で有罪とされた人々をかけがえのない個々の人間としてでなく、すべて盲目的に死刑を科せられる顔のない等質の集団として取り扱っている。」死刑適用事件において第八修正の根底にある人間性に対する基本的敬意は、死刑という刑罰を科す過程において憲法上不可欠な部分として、個々の犯人の性格と記録および一定の犯罪状況の検討を要求すると判示したのである。

さらに【D】ロバツ判決で注目されるのは、死刑は拘禁刑とは質的に異なっていることを強調するウッドソン判決を繰り返し引用していることである。すなわち、死刑適用犯罪の限定によって必要的な死刑制定法の問題を解決しようとした試みが徒労であるのは、ウッドソン判決が指摘するように、〝特定の犯罪者の過去の生活や習慣を考慮せず同じ法的類型にあるすべての犯罪に同一の刑罰を要求する〃という考えに関するわが社会の拒絶反応に由来するとしたうえで、ファーマン判決において指摘されたように、一九世紀の必要的な死刑制度からの離脱の動きは、〝個々人の責任が必ずしも犯された犯罪の類型によって測られていない〃という認識に由来することを強調しているのである。

そして合衆国最高裁は二年後の【22】ロケット判決において、情状に関する減軽事由を限定するルイジアナ州死刑制定法を違憲と判示した際に、グレッグ関連判決の中でもとりわけ【C】ウッドソン判決を詳細に引用しつつ、「死刑は他のすべての刑罰とは全く異なることに照らし、個別的判断は死刑適用事件において本質的であるとの結論を避けることができない。死刑事案における各個人のかけがえのなさに十分敬意を払って各被告人を取り扱う必要性は、死刑不適用事件におけるよりはるかに重要である」と判示したのである。

ロケット判決がとりわけ注目されるのは、【D】ロバツ判決ではホワイト裁判官の反対意見に同調していたバーガ首席裁判官がロケット判決ではスティヴンズ、パウエル、スチュアートの相対的多数意見に同調したうえ、自ら判決を言い渡したことである。ロケット判決は、第一級謀殺罪で有罪とされた以上、被告人の前歴や当該犯罪の性格等を一切考慮することなく死刑を科すことを認める新しいオハイオ州制定法につきその違憲性を肯定したものであるが、【C】ウッドソン、【D】ロバツ両判決で違憲とされた新しい州制定法の規定と酷似しており、その結論は当然といってよい。そして同判決も、各州法の合憲性を肯定したグレッグ、プロフィット、およびジュレックの各判決の事案と対比すると、本件の憲法違反は最もよく理解できると指摘しているのである。

しかし、同判決が注目されるのは、バーガ首席裁判官が初めて、スチュアート、パウエル、およびスティヴンズ裁判官の見解に同意していることである。前述のように、一九七六年七月二日に一括して言い渡されたグレッグなど五判決はすべてスチュアート、パウエル、およびスティヴンズの三裁判官が順次交替して——グレッグ判決ではスチュアート、プロフィット判決ではパウエル、ジュレック判決ではスティヴンズ、ウッドソン判決ではスチュアート、ロバツ判決ではスティヴンズ裁判官――判決を言い渡していた。有罪認定後の死刑を事実上強制するオハイオ州制定法を違憲と明示した限りにおいて目新しさはないが、グレッグ関連判決において指摘された死刑との他の刑罰との質的相違をバーガ首席裁判官が強調しつつ、さらに詳細な判断を示し自ら判決を言い渡したことが注目されるのである。

バーガ首席裁判官が本判決で強調した〝かけがえのない個人に当然払われるべき敬意〟はいわゆるスーパー・デュー・プロセスの理論につながる、すなわち、誤りが不可避な現行制度の文脈下においての問題は、誰かは分からないけれども、そのうちの誰かを誤って殺害しなければならない現行法の枠組みの下での死刑の宣告はいかなる被告人に対しても相当な敬意を払うことができる（can accord due respect）といえるかである。「それ故、それはスーパー・デュー・プロセスの核心である平等問題と結びつく。」合衆国最高裁は現在、〝残虐で異常な刑罰〟について規定する第八修正は死刑事件においてスーパー・デュー・プロセスの一種に相当する量刑手続（sentencing procedures amounting to a kind of super due process）を要求している。ロケット判決において四人の裁判官の相対的多数意見によって依拠されたスーパー・デュー・プロセスの理論は、死刑それ自体に反対するブレナン、マーシャル両裁判官が相対的多数意見に常に賛成票を投じているので、スーパー・デュー・プロセスは合衆国最高裁判示（holding）であることについては、すでに詳論したとおりである。

三　検察官の答弁書

アメリカでは処刑方法を含め死刑制度の是非はあくまでも州法上の問題であり連邦最高裁といえども容易に介入できないという連邦主義の伝統がある。したがって、今まで州法上の処刑方法につき直接違憲と判示した合衆国最高裁判例が見当たらないのはそのためであるといってよい。なお、団藤重光氏は、アメリカでの講演の中で「死刑廃止条約に反対している先進国はアメリカと日本だけだという、例の持論を力説」したところ「聴衆が格別の反応を示さなかった」のは、この種のことがらについては連邦政府は介入しないという建国以来のフェデラリズムの伝統による旨の「私にとって耳新しい情報」をアメリカでの講演の機会を与えてくださったインディアナ大学ホフマン教授から教示された旨告白している。(1)

いずれにせよ重要なのは、合衆国最高裁が直接、絞首刑自体を違憲であると判示したものは見当たらないとしても、州の立法府が絞首刑についてはもちろん、それに代わった少なくとも当時よりも人道的とされた電気椅子やガス室による処刑方法についても次第に残虐性を認識し、現在では致死薬物注射による処刑方法のみが合憲とされており、絞首刑を唯一の処刑方法とする法域は皆無であるという事実である。

絞首による死刑執行は「他の文明国の裁判所において禁止されておらず」憲法第三六条に違反するものではないとする検察官の「答弁書」は、合衆国最高裁判例に関する独自の誤った解釈に由来するのは明らかであり、しかも「答弁書」はインターネットに依拠した大阪高検「刑事事務課」作成のベイズ判決等の日本語訳を「そのまま」引用している。検察官が、絞首刑は合衆国最高裁においても禁止されていないと主張する際にこの資料を主たる参考にしたであろうことは両者を対比すると一目瞭然である。

正確を期すため、アメリカ判例法の初歩的解説を加えた後、「刑事事務課」作成の参考資料全文を次頁に引用しておく。

(1)　団藤重光『死刑廃止論［第五版］』（有斐閣、一九九七年）三四―三五頁。

「大阪高等検察庁　刑事事務課」作成の参考資料

番号	標目	記載内容
1	インターネットホームページ「SUPREME COURT OF THE UNITED STATES」より入手した判決文（Baze v. Rees）（英語）（97 頁）	①どれほど人道的な執行方法においても、必要とされる手続きに伴う際に失敗が生じる可能性がありさえすれば、若干の苦痛のリスクがつきまとうものであり、憲法があらゆる苦痛のリスクを避けることまで要求しているわけではないこと、②「どのような執行方法が残虐な刑罰に当たるかについては、被執行者の生命を単に奪うだけではなく、意図的に苦痛、恐怖、屈辱を付加的に与えることを目的とした執行方法が残虐な刑罰に当たるというべきである」こと等
2	判例データベース「Westlaw」より入手した米国ユタ州最高裁判例（Wilkerson v. Utah）（英語）（5 頁）	「どのような死刑執行方法が残虐な刑罰に当たるかについては、被執行者の生命を単に奪うだけではなく、意図的に苦痛、恐怖、屈辱を付加的に与えることを目的とした執行方法が残虐な刑罰に当たるというべきである」こと等
3	インターネットホームページ「UNITED NATIONS」より入手した国際連合事務総長報告書（E/2010/10）（英語）（65 頁）	諸外国において行われる死刑執行方法として、斬首、絞首（セイントキッツ・ネービス等）、薬物注射（アメリカ等）、銃殺、石打刑、電気処刑（アメリカ）があるが、いずれかの死刑執行方法が非人道的、残虐、下劣なものとして許容できないか否かについては議論があること（絞首刑が許容できないものであるとは述べていない）等
4	インターネットホームページ「Judicial Committee of the Privy Council」より入手した管轄地図（英語）（1 頁）	枢密院司法委員会がセイントキッツ・ネービスの上訴管轄権を有していること
5	インターネットホームページ「NBC NEWS, COM」より入手した死刑執行の報道記事（英語）（2 頁）	「薬物注射による死刑執行でも、執行に 34 分を要し、少なくとも最初の 25 分は被執行者の意識があった」事例の紹介
6	インターネットホームページ「Clarkprosecutor, Org」より入手した死刑執行事例及び同事例に関する報道内容のページ（英語）（18 頁）	「薬物注射による死刑執行でも、注射に手間取り執行に約 2 時間を要した事例」の紹介

残虐な刑罰を禁止する同一の憲法条項を共有しているにもかかわらず日米最高裁の決定的相違は、その静的回顧的態度と動的発展的態度にある。日本の最高裁は、時代に逆行してさらし首のような大昔の死刑の方法に戻るならばそれは残虐だというにすぎない(2)。

第三節　最高裁への根本的疑問

アメリカでも致死薬物注射が初めて採用されたのは一九七七年以降であることを考えると、昭和三〇年（一九五五年）の最高裁大法廷判決が「現在わが国で採用されている絞首方法が他の方法に比して特に人道上残虐であるとする理由は認められない」と判示したのもあながち不当とはいえまい。問題は、その後においてヨーロッパはもとよりアメリカ合衆国を含む「現代多数の文化国家における」状況は激変したにもかかわらず、そのことに一切言及することなしに今なお絞首刑の合憲性を肯定し続けていることである。

筆者のかねての疑問は、わが国の最高裁の判示は総じて全員一致であり、反対意見が極端に少ないことである。とりわけ死刑の是非のような根源的問題については、見解が分かれるのはむしろ当然と思われるにもかかわらず、わが最高裁は現在に至るまで全員一致の判示を繰り返している。一方、合衆国最高裁は、すでに詳論したように、とりわけ一九七二年のファーマン判決において、当時の各州の処刑手続を明確な指針のないまま陪審のいわば気紛れに委ねていることを理由にすべて違憲であると判示した。一九七六年七月二日のグレッグ判決を含めた五件の関連判決でファーマン判決に従って改正された各州の死刑制度の合憲性を判断した際に、必ず有力な反対意見が付されていた。そして一九七八年のロケット判決ではバーガ長官が従前の相対的多数意見に与したうえ法廷意見を執筆したため、かけがえのない人の生命を永久に奪う死刑は他の刑罰とは性質を異にする旨のスーパー・デュー・プロセスが合衆国最高裁の判示であることが確立するに至ったのである。

むろん日米の最高裁判事には任命方法――アメリカでは上院の承認がいる――やアメリカでは終身制であるなどの違いがあるため、一概に批判するのは相当でないが、それにしてもアメリカでほぼ完全に拒絶されている絞首による執行方法についても、常に全員一致の「当裁判所の判例である」という理由だけで、その合憲性を肯定し続けることに違和感を禁じ得ないのである。

なお、アメリカで死刑および量刑について連邦を初めほぼすべての法域において一二人の陪審員全員の同意が必要とされているのは、公開の陪審選任手続で弁護側および検察側双方による異議申立てを徹底的に検討した後で、両当事者の合意した陪審員による判断に委ねることが確立しているからである。判決言い渡し時に裁判官が陪審員全員に対し、「あなたは〝致死薬物注射による死刑〟に同意しますか」と改めて質問する場面がアメリカの映画でまま見られるのはこのためである。

この点においても、日米の刑事裁判は決定的に異なっている。わが国では二〇〇九年五月二八日から導入された裁判員制度で初めて六人の一般国民が、三人の職業裁判官とともにではあるが、刑事事件での事実認定および量刑判断に加わることになった。そして筆者は刑事司法への国民の参加という意味で、裁判員裁判を評価しつつ、建国以来の陪審裁判の定着によるアメリカでの法の支配の確立に思いを馳せることが少なくないのである。(3)

（2）　石塚伸一＝堀川恵子＝布施勇如「死刑は残虐である――『此花区パチンコ店放火事件』傍聴記」龍谷法学四五巻一号一五五頁、二〇四頁（二〇一二年七月）。

（3）　詳しくは、小早川義則「陪審員選任手続」『裁判員裁判と死刑判決［増補版］』一三四頁以下。

終　章

本書は、「裁判員裁判と死刑判決」に続き、死刑及びその執行方法に関する日本の最高裁判決と致死薬物注射の合憲性を僅差で肯定した二〇一六年のグロシップ判決に至る米国の最高裁判決とを対比しつつ、今なお一四〇年前の明治六年太政官布告に依拠したまま絞首刑の合憲性を肯定するわが最高裁の態度に疑問を呈示したものである。

(1)　筆者が死刑制度への興味にあわせて処刑方法としての絞首刑に疑問を抱くようになったのは、前述のように、パチンコ店放火殺人死刑判決であった。そしてとりわけ奇異に感じたのは、第一審の死刑判決に対する検察官の答弁、すなわち「アメリカ合衆国ワシントン州において絞首が死刑執行方法として規定されているということは、アメリカにおいても絞首が合衆国憲法第八修正が禁止する〝残虐で異常な刑罰〟に該当しないとされていることの証左である」との全く的外れの検察官の答弁であった。一九八三年段階でユタ州では銃殺と致死薬物注射による処刑方法が法律で選択刑として規定されている、したがって検察官の論理に従えば、アメリカでは今でも銃殺刑は〝残虐で異常な刑罰〟でないことになるが、これはアメリカでは到底通用しない独自の見解と思われた[1]。ちなみに「ユタ州では二〇一五年に［死刑］廃止法案が上院を通過した[2]」という。

筆者がこの問題にこだわるのは、公益の代表者としての検察官の役割を重視するからである。平たく言えば、アメリカ法についてはもちろん、日本法の知識も必ずしも十分でないわが国の一般国民を誤導しかねないからである。大阪高等検察庁の検察官が、アメリカ合衆国ワシントン州において絞首刑は残虐で異常な刑罰でなく合憲とされていると断言している以上、それをそのまま信じて、わが国の絞首刑も合憲に違いないと考えるのが市井の一般国民の感覚と思われるからである。もちろん筆者は、同一の憲法条項を共有していても、アメリカ法とは異なる日本独自の解釈論を否定するものでない。しかし外ならぬ日本の刑事裁判で、アメリカ法を事細かに引用してその主張の裏付けの一部とするのであれば、その引用するアメリカ判例法は、アメリカで通用するものでなければならないのは当然のことであろう。しかも人の生命を奪う死刑はそれ以外の刑罰とは種類を異にする特別な刑罰であるにもかかわらず、検察官の答弁は、この点においても余りにも無頓着にすぎるし、アメリカ法に関する見解は、繰り返し指摘したように、全くの的外れであるばかりか、人の生命を奪うという重大で強力な権限を与えられていることを直視したうえで、検察官として真摯にそれを果たそうとする気配が見られないのである。

言うまでもないが、筆者は検察官の再度の死刑求刑自体を非難しているのではない。問題は、しかし、あれだけの惨事で全国民の注目を引きマスコミ報道も過熱している折から、検察官としては、むしろ冷静かつ客観的に対処すべきである。ましてやアメリカ法の知識——しかも全く的外れな——をひけらかして目眩ましをするような態度をとるべきではないというにすぎない。ただ、翻って考えてみるに、検察官が日本の刑事裁判でアメリカ法に言及せざるを得なかったのは、〝残虐な刑罰〟を禁止する点で日米憲法は全く同一であり、絞首刑は残虐な刑罰であるという点で弁護人の主張を受け入れざるを得なかったからではないか、そうであれば、アメリカでは一連の判例で絞首刑は残虐な刑罰であることが事実上確定していることを正直に認めたうえで、アメリカ法と異なる日本法の解釈として、絞首刑は合憲であることを別途論証するのが検察官として公正な態度ではないかと思われたのである。

(2) 大阪高裁第三刑事部は平成二五年（二〇一三年）七月三一日、パチンコ店放火殺人事件第一審判決に対する控訴を棄却した。生命を奪う究極の刑である死刑の執行方法について、今もなお一四〇年も前の明治六年太政官布告に依拠し新たな法整備をしないまま放置し続けていることは「立法政策として決して望ましいものではない」と指摘しつつ、わが国において死刑の執行自体は安定的な運用が行われている現時点においては、「未だこのような立法の不作為が憲法上の要請に反しているとまではいえない」というのである。[3]そして【四】最高裁（第三小）平成二八年二月二三日裁判集刑三一九号一頁は、「死刑制度がその執行方法を含め憲法のこれらの規定に違反しないことは当裁判所の判例とするところである」との三行半の判決文で本件上告を棄却している。

ただ、注目すべきは、すでに言及したように、昭和三六年大法廷判決に関して、「それにしても死刑という重大な刑罰の執行方法に関する基本的事項が今日なお約一世紀前の古めかしい太政官布告に準拠しているという事実は、右布告の法的効力に関する論議を別としても、誠に奇異の感を禁じ得ないものがある」との栗田正調査官（当時）の解説である。[4]

「最高裁判所の裁判の紹介や研究には、調査官の解説とコメントを必ず参照しなければならない。殊に、最高裁判所の判例と解説は一体不可分の関係にある。補足意見を付けるまでには至らないが、評議で話題になり、認識されたことを後々の参考のために調査官の解説に譲っていることがよくある」[5]という。むろん、調査官解説の有用性は否定できないが、「この解説はあくまで調査官の個人としての立場で書かれた」「あくまで執筆者である調査官の私見であって、その裁判をした大法廷または小法廷の見解ではない」ことに留意する必要性が強調されている。[6]したがって、決定的に重要なのはむろん判決文自体である。

このようにみてくると、最高裁が昭和三六年判決を言い渡す際に栗田調査官の「解説」を参考にしたであろうことはほぼ間違いないと思われる。ところが判決文による限り、「解説」がどのような意味において参考にされたのかが全く明らかでない。そして最高裁はそれからさらに半世紀を経た今日においても同判決をそれ以上の実質的理由を明らかにしないまま、確立した判例である旨強調し続けているのである。合衆国最高裁判例との余りにも顕著な差異に唖然とするのは筆者だけではあるまい。

〈ロバーツ・コート一覧〉

	指名大統領	上院承認（賛否）数	就任時の年齢
ロバーツ長官	ブッシュ（共）	78−22	50（1955年生）
ケネディ	レーガン（共）	97−0	51（1936年生）
トマス	ブッシュ（共）	52−48	43（1948年生）
ギンズバーグ	クリントン（民）	96−3	60（1933年生）
ブライア	クリントン（民）	87−9	56（1938年生）
アリート	ブッシュ（共）	58−42	55（1950年生）
ソトマイヨール	オバマ（民）	68−31	55（1954年生）
ケイガン	オバマ（民）	63−37	50（1960年生）
ゴーサッチ	トランプ（共）	54−45	49（1968年生）

筆者が本書で死刑判決に関する日米最高裁の態度を具体的な事例に即して対比し続けてきたのは、思いがけず筆者の縄張りにいわば土足で闖入してきた検察官の答弁への反論を通じて、法に無知ではあるが、比較的まじめな日本の一般国民に、アメリカ判例法に関する正確な情報を提供することで、処刑方法としての絞首刑の問題点を考えるよすがにもなるのではないかと考えたからに外ならない。

(3)　なお付言するに、スカーリア裁判官が二〇一六年二月一三日急逝し後任人事が注目されていたが、共和党が新しい大統領選出までの審議に応じなかったため予想外のトランプ新大統領によりニール・ゴーサッチ連邦控訴審裁判官が合衆国最高裁裁判官に指名され、上院で二〇一七年四月一二日、五四対四五で承認された。二〇一七年九月現在のロバーツ・コートを構成する合衆国最高裁裁判官九人の就任時の年齢等は上記のとおりである。

このようにスカーリア裁判官急逝時の最高裁の構成は、共和党大統領（ブッシュ父子）指名によるロバーツ長官、ケネディ、トマス、アリート各裁判官と民主党大統領（クリントン、オバマ）指名によるギンズバーグ、ブライア、ソトマイヨール、ケイガン各裁判官に見事に二分されていたため、スカーリア後任人事がとりわけ注目されていたのである。

筆者は、前述のように、二〇一五年六月のグロシップ判決での四裁判官の反対意見に接し、死刑制度の是非が初めて合衆国最高裁で正面から論議される可能性が大きいと考えていただけにやや気勢をそがれた感のあることは否めない。ただ、死刑廃止に向けた方向の一貫性、とりわけ第八修正の残虐で異常な刑罰の判断基準とされる〝品位の発展的基準〟は、固定的ではなく人間の進歩とともに不断に発展し続けるというアメリカ法で確立している考えは、われわれにとっても無縁であるとは言えず、今後も死刑存廃をめぐるわが国の議論に影響を与えるであろうことはほぼ確実と思われる。

ロバーツ長官の承認時に二二人の反対意見があるが、これは民主党上院議員が均等に分かれたためであり、それ以外の上院議員は共和党と民主党とを問わずすべてロバーツ長官の承認に同意している。ロバーツ氏は、二〇〇四年前のジョン・マーシャル以降、最年少の五〇歳で第一七代最高裁首席裁判官に就任したのである。(7)

アメリカにおける最高裁裁判官の任命は、政治的色彩を帯びることは周知であるが、大統領が自己の政治的イデオロギーと合致する裁判官を任命しようと試みるようになったのは、共和党ニクソン大統領の時からといわれる。(8)むろん政治的イデオロギーが類似するにせよ、裁判官は就任時に憲法を順守する旨の宣誓をしており任命者の意向に沿う判断をするのではない。このことを端的に示したのが大統領の行政特権を全員一致で否定したためニクソンが辞任に追い込まれた一九七四年のウォータゲイト判決である。(9)トランプ氏による一連の〝暴走〟に対する最高裁の判断が注目される所以である。(10)

(1)　この種の検察官の主張はまま見られる。周知の典型例は、「自白の証拠能力を任意性の有無によらしめている」一九六八年「犯罪防止等包括法」三五〇一条の存在を強調する主張である。同条項は「連邦憲法違反だという見解が多く、司法省もこの条項を実務では使わないように指示」（原田明夫氏）したためいわば死に体であったにもかかわらず、この規定の存在を理由にミランダの失効を指摘する検察官が少なくなかったのである。詳しくは、小早川義則『ミランダと自己負罪拒否特権』（成文堂、二〇一六年五月）八頁、三一一頁。

（2）笹倉香奈「世界における死刑制度の潮流――アメリカの死刑制度を中心に――」月刊大阪弁護士会（OBA Monthly Journal 2016. 7）二〇頁。

（3）大阪パチンコ店放火殺人事件を素材に絞首刑の残虐性を徹底的に論証したものとして、後藤貞人「日本の絞首刑を考える」浦功編著『新時代の刑事裁判』（成文堂、二〇一七年九月）六一九頁以下がある。

（4）栗田正・［判解］最判解刑事昭和三六年度（一九六一年）一九七頁。

（5）園部逸夫「最高裁判所十年」（有斐閣、一九八六年）一〇―一一、一四頁。

（6）中野次雄編『判例とその読み方』（有斐閣、一九八六年）一〇八頁。

（7）Linda Greenhouse, NY Times, 2005, Sep. 30).

（8）藤倉皓一郎／小杉丈夫［編］『衆議のかたち②』四～五頁（羽島書店、二〇一七年）。

（9）United States v. Nixon, 418 U.S. 683 (1974). 本判決につき詳しくは、小早川義則『デュー・プロセスと合衆国最高裁Ⅶ（完）』（二〇一六年）一八一頁以下。

（10）小早川義則「アメリカでの三権分立と法の支配――トランプ暴走を契機に――」名城ロースクール・レビュー第四一号（近刊）。

【10】トンプソン15歳少年死刑違憲判決 …………………………… 45
Trop v. Dulles, 350 U.S. 86 (1958)
【5】トロップ脱走兵市民権剥奪違憲判決 …………………………… 28
Weems v. United States, 217 U.S. 349 (1910)
【3】ウィームズ公文書偽造重罪違憲判決 …………………………… 26
Wilkerson v. Utah, 99 U.S. 130 (1879)
【1】ウィルカーソン公開銃殺刑合憲判決 …………………………… 25
Woodson et al v. North Carolina, 428 U.S. 280 (1976)
【C】ウッドソン判決 ………………………………………………… 180

Godfrey v. Georgia, 446 U.S. 420 (1980)
【23】ゴッドフライ妻等殺害即自首死刑違憲判決 …………………………161
Gomez v. United States Dist. Court for Nothern Dist.of Cal,. 503 U.S. 653, 654 (1992)
【18】ゴメス致死ガス処刑執行停止命令無効判決 ………………………… 66
Gray v. Lucas, 463 U.S. 1237 (1983)
【16】グレイ致死ガス処刑上告受理却下マーシャル反対意見 ……………… 61
Gregg v. Gerogia, 428 U.S. 153 (1976)
【7】グレッグ謀殺死刑合憲判決 ………………………………………… 37
In re Kemmuler, 136 U.S. 436 (1890)
【2】ケムラー電気処刑合憲判決 ………………………………………… 25
Jurek v. Texas, 428 U.S. 262 (1976)
【B】ジュレック判決 …………………………………………………………180
Kennedy v. Louisiana, 554 U.S. 407 (2008)
【15】ケネディ児童強姦死刑違憲判決 ……………………………………… 55
Lockett v. Ohio, 438 U.S. 586 (1978)
【22】ロケット減軽事由限定死刑違憲判決 …………………………………157
Penry v. Lynaugh, 492 U.S. 302 (1989)
【12】ペンリー精神遅滞犯罪者死刑合憲判決 ……………………………… 47
Proffitt v. Florida, 428 U.S. 242 (1976)
【A】プロフィット判決 ………………………………………………………179
Roberts v. Louisiana, 428 U.S. 325 (1976)
【D】ロバツ判決 ………………………………………………………………186
Roper v. Simmons, 543 U.S. 551 (2005)
【14】シモンズ（ロパ）少年犯罪者死刑違憲判決 ………………………… 52
Stanford v. Kentucky, 492 U.S. 361 (1989)
【11】スタンフォード16歳少年死刑合憲判決 ……………………………… 46
State v. Mata, 745 N. E. 2d 229 (2008)
ネブラスカ州最高裁マータ判決 ……………………………………………… 90
Thompson v. Oklahoma, 487 U.S. 815 (1988)

Table of Cases

【一】最高裁大法廷判決昭和23・3・12刑集2巻3号191頁 …………………… 6
【二】最高裁大法廷判決昭和30・4・6刑集9巻4号663頁 …………………… 9
【三】最高裁大法廷判決昭和36・7・19刑集15巻7号1106頁 ………………… 9
【四】最高裁第三小法廷判決平成28・2・23裁判集刑319号1頁 …………… 18

Atkins v. Virginia, 536 U.S. 304 (2002)
【13】アトキンズ精神遅滞犯罪者死刑違憲判決 ……………………………… 48
Baze v. Rees, 533 U.S. 35, 128 S.Ct. 1520 (2008)
【20】ベイズ致死薬物注射合憲判決 ……………………………………… 102
Campbell v. Wood, 18 F. 3d 662 (1994)
ワシントン州第九巡回区キャンベル判決 ………………………………… 67
Campbell v. Wood, 511 U.S. 1119 (1994)
【19】キャンベル上告受理却下ブラックマン反対意見 …………………… 86
Coker v. Georgia, 433 U.S. 584 (1977)
【8】コカ成人女性強姦死刑違憲判決 ……………………………………… 42
Enmund v. Florida, 458 U.S. 782 (1982)
【9】エンムンド強盗殺人逃走車運転死刑違憲判決 ……………………… 44
Francis v. Resweber, 329 U.S. 459 (1947)
【4】フランシス処刑失敗後再死刑合憲判決 ……………………………… 27
Furman v. Georgia, 408 U.S. 238 (1972)
【6】ファーマン死刑手続違憲判決 ………………………………………… 31
Glass v. Louisiana, 471 U.S. 1080 (Brennan J. dissenting from denial of certiorari) (1985)
【17】グラス電気処刑上告受理却下ブレナン反対意見 …………………… 62
Glossip v. Gross, 576 U.S. —, 135 S.Ct. 2726 (2015)
【21】グロシップ新致死薬物注射合憲判決 ……………………………… 119

Death Sentences and the U.S. – Japan Supreme Court
by Yoshinori Kobayakawa

著者略歴

小早川義則（こばやかわ　よしのり）

1939年　大阪市に生まれる
大阪外国語大学イスパニア語学科卒業後、大阪市立大学法学部を経て、同大学院博士課程退学。その後、名城大学法学部教授、ニューヨーク・ロースクール客員研究員、桃山学院大学法学部教授、名城大学大学院法務研究科教授を歴任。

現　在　名城大学名誉教授

主要著書

共犯者の自白（1990年）、ミランダと被疑者取調べ（1995年）、NYロースクール断想（2004年）、デュー・プロセスと合衆国最高裁Ⅰ～Ⅶ(完)（2006年～2016年）、共謀罪とコンスピラシー（2008年）、毒樹の果実論（2010年）、裁判員裁判と死刑判決［増補版］（2012年）、共犯者の自白と証人対面権（2016年）、ミランダと自己負罪拒否特権（2017年5月）、以上、成文堂

死刑判決と日米最高裁

2017年12月25日　初版第1刷発行

著　者　小早川　義　則
発行者　阿　部　成　一

〒162-0041　東京都新宿区早稲田鶴巻町514番地
発行所　株式会社　成　文　堂
電話　03(3203)9201(代)　Fax　03(3203)9206
http://www.seibundoh.co.jp

製版・印刷　シナノ印刷　　製本　弘伸製本　　検印省略

ISBN978-4-7923-5232-5　C3032

定価（本体5,000円＋税）